嬰幼兒的教育

Early Childhood Education

黃志成、林貞谷、張培英◎著

序

奧國精神分析學家佛洛依德強調人類全程的發展深受早期生活經驗的影響，人類人格特質在六歲以前就逐漸形成，凡此均說明人類早期生活經驗的重要性。同屬精神分析學派的艾力克遜也強調，若在嬰幼兒期沒有得到良好、適當的教養時，會產生一些不好的人格特質，例如：對人的不信任、羞愧疑惑、罪惡感等，而這些特質甚至會延續到兒童期，乃至於青少年期的發展。在社會的舞台上，我們也常發現許多作姦犯科的罪犯，可能來自於破碎家庭、童年時代受虐、家庭社經水平偏低、父母關係緊張，乃至於中輟學生等等。凡此種種，都說明了童年時代對人生全程發展的重要性。

既如上段所述，就消極面而言，爲了避免這種劣質人口的產生，我們就應該重視幼兒教育；從積極面而言，爲了培養優質的下一代，我們更應該重視幼兒教育。然而幼兒教育並不是口號，應該付諸實現，問題就出在如何實踐。在實務上，我們最常見的問題就是父母不知如何去教育下一代，或用錯誤的方法去教育下一代而不自知。因此，爲父母親或幼托老師、保母提供教材實爲刻不容緩之事。

本書就基於上述的動機編纂而成，在此之前，各篇曾散見於各報章雜誌，編纂成冊以後更利於讀者閱讀，書中所持之觀點，除各專家學者之見外，其餘僅代表個人觀點，如有不是之處，企盼讀者諸君指正是幸。幼兒是活生生的人而非機器，且有相當的個別差異，故可就書中論調靈活運用，更能讓幼兒受益。

黃志成 謹識

目錄

1 ○～一歲嬰兒的教育問題

　　別以為「教育」二字對嬰兒而言是絕緣體，針對其感覺認知之能力，父母可以有計畫的、多元性的態度介入，給寶寶更多的刺激。

所謂的「育」包括：生育、養育及教育。本文擬針對嬰兒的教育問題提出探討。

　　常常有家長問我，幼兒到底該不該上幼稚園或托兒所？我想其必要性是毋庸置疑的，因為自三、四歲以後，幼兒有許多發展上的任務在家中是無法達成的，應該擴展家庭以外的生活經驗和學習經驗，如此才能滿足幼兒發展上的需要；由於行為科學的發達，我們至今更應有進一步的體認，即嬰兒也要接受教育，甚至於胎兒也要接受胎教。

感覺與認知教育：提供多元刺激

　　心理學家皮亞傑（Piaget）認為嬰兒正處於感覺動作期，此期嬰兒的認知活動建立於感官的即刻經驗上，主要是依靠動作和感覺，透過手腳及感官的直接動作經驗來瞭解外界事物。此外，布魯納（Bruner）認為嬰兒正處於動作表徵期，此期嬰兒以對物體的直接作用，來解釋其所接觸的世界，所表現的行為如看、抓、握、嚼等動作，並進而與周遭事物產生關聯，例如椅子是「能坐在上面」的東西。

　　由上述學理的描述，可以得知「感覺與認知經驗」就是嬰兒期的學習，因此，我們應該提供各種視覺刺激，讓嬰兒多看，必能增進其見聞；應該提供各種聽覺刺激，例如跟他說話、讓他聽音樂等，必能促進聽覺神經的發展，並增進親子感情；而且要避免讓嬰兒聞到一些不好的味道，如尿騷味、煙味、汽車廢氣、香水味、廚房瓦斯味等，以利其嗅覺神經的發展，並保持身體健康；同時避免給嬰兒食用含鹽的食物，並時時注意口腔衛生，吸完乳汁後，再讓他喝點開水，並用紗布清潔其口腔；而最重要的感覺經驗就是觸覺，嬰兒藉由手的抓、握，來瞭解事物，所以我們應該提供各種不同的觸覺刺激，如讓他握手指頭，或是顏色鮮艷、柔軟的玩具等。

人格教育：滿足嬰兒口慾

心理學家佛洛依德（Freud）提出人格發展論，認為嬰兒正處於口腔期，在這一段期間內，嬰兒的活動大多以口腔為主，嬰兒從吸吮、吞嚥、咀嚼等口腔活動獲得快感。艾力克遜（Erikson）提出社會心理學說，認為嬰兒如能獲得各種需要的滿足，並且持續受到成人的關愛，必然會覺得這個世界安全又可靠，進而發展出信任感。倘若成人的照料不持續、不適當或是缺少照料時，則會發展為不信任感。

由以上學理的敘述，可以知道對嬰兒最好的人格教育就是口慾滿足的提供，及精神上的關愛。因此，吸吮母乳的嬰兒可以獲得較佳的滿足；吸吮牛奶的嬰兒，亦應抱著餵乳，塑膠奶嘴亦可使其得到另一種滿足。此外，要常常抱他、勤換尿片、和他說話等，基於生理及心理完善的照顧，相信必能使其人格得到健全的發展。

動作教育：活動筋骨

嬰兒期是發展粗動作的時候，而且遵循「頭尾定律」與「近遠定律」。所謂頭尾定律即是頭部的動作發展在先，腳部發展在後；而近遠定律即是軀幹發展在先，四肢的發展在後。由上述的理論依據，父母對嬰兒的動作教育就要在此時讓其有轉頭、翻滾、爬行的機會，尤其是手部抱、握的動作，為使其動作發展靈活，以下再介紹嬰兒體操的方式及訓練關鍵時程（如圖一）。

遊戲教育：有助親子發展

在遊戲發展的理論中，嬰兒由於語言及社會化均相當有限，故在遊戲分期中，屬單獨遊戲期，亦即不需同儕玩伴的時期，但基於親子關係、語言發展、社會行為發展的考量，父母親及保母仍有必要與其玩玩

圖一　嬰兒體操的方式及訓練關鍵時程

「親子遊戲」，而在此期對嬰兒的遊戲教育課程，可朝下列之方式進行：

可發出聲音的

如音樂鐘、鈴、鼓、錄音帶、動物叫聲（鳥叫、犬吠、貓叫）等，而最重要的就是親子遊戲。

可以觸摸的

如拍手、雙手舉嬰兒向上（但向上或下降的速度不宜太快）、搔癢（一般而言，嬰兒癢覺並不靈敏，但仍是一種遊戲）、小軟球、手搖鈴等其他可以用手握的玩具。

語言教育：給予回饋

嬰兒在語言發展的進程屬準備階段，亦即嬰兒尚不能言語，所發之音亦不具意義，只能算是發音遊戲。然而此期之語言教育仍不可缺少，可以從下列兩個方向著手：

常與嬰兒說話

語言的學習是先聽，然後才會講，所以在一歲之後，要嬰兒開始學習說話，則必須在此期不斷地與他說話，讓他聽聲音，讓他享受聽音的樂趣，如此才會有好的動機學習說話。

對他所發的音給予回饋

通常嬰兒在出生約八週以後，口中會發出「咕咕」的聲音，約十六週以後稱「戲語期」，亦即會發音自娛，因此，當嬰兒發出這些音以後，大人要給予回饋，回饋的方式如複誦他的音並給予鼓勵，如此更能鼓勵他的發音，奠定日後學習說話的基礎。

社會化教育：培養依附關係

由於嬰兒自我中心強，並不關心別人的存在，但並不表示不需要人的關懷，媽媽（或保母、爸爸）長期的與嬰兒相處，也逐漸讓嬰兒對成人產生依賴性，進而發展依附關係。因此，對嬰兒的社會化教育可從下列四點著手：

1. 嬰兒的哭聲是身心有所需求之表徵，除了飢餓、病痛、尿布濕了或其他生理需求外，在心理上，是需要伴侶的意思，故照顧他的人如能滿足其需求時，對其社會化有相當的助益。
2. 照顧嬰兒的大人在他清醒時，應儘可能的抱他，和他說話或玩耍，將有利其社會行為發展。
3. 嬰兒約在六至八個月左右對陌生人會感到害怕，稱為「認生期」，父母不要強求讓嬰兒給不熟的人抱或帶，以免增加其恐懼感。
4. 較常接近或帶養嬰兒的人會讓他產生安全感，並建立依附關係，所以當依附對象在嬰兒身邊時，嬰兒會有安全感，因為依附對象是嬰兒期精神之寄託，也是社會行為發展的關鍵性人物。

總之，嬰兒一出生後，即具有聽覺、視覺、嗅覺、味覺、觸覺等各種能力，父母應該體認嬰兒不是什麼都不會，什麼都不懂的個體，因此，嬰兒既然有這些能力，我們就不能不去加以重視，以有計畫的、多元性的教育介入，相信他會在起跑點就一馬當先，奠定日後成功的基礎。

現代三角關係

——談保母、孩子與父母的三角關係

父母、寶寶、保母形成現代新三角關係,在這種三角關係中,寶寶當然扮演主角地位。

爸媽究竟要尋找何種保母才能放心將寶寶記付於她?三者之間的互動關係應是如何?

確立嬰幼兒本位觀念

在保母、孩子與父母的三角關係中，孩子當然是主角。有些媽媽、保母常邊做家事，邊照顧孩子，並且還認爲這是一舉兩得，其實這種觀念已經落伍了。

照顧小孩時，應將寶寶放在第一位，這就是本位觀念。如果妳能專注地陪伴小孩，妳將發現其中樂趣無窮。

從前的育兒觀念認爲：照顧寶寶的工作，是處理孩子們的紛爭，以及保護他不至於跌倒受傷，此種做法過於消極；而今正確的觀念，是在育兒同時，加入學習活動。

不負責任感的保母認爲：育兒工作只是做些餵奶、換尿布而已。現代的保母必須推翻舊有成見，除了上述工作外，應積極加入教育性、學習性活動。

對新生兒而言，家中每件東西都充滿新奇、新鮮，所以家裡就是他「周遊列國」的最佳場所。

父母與寶寶的需求不同，爲人父母者，不能因爲本身的需求，而忽略寶寶的需要。如果寶寶的需求愈被重視、滿足，則其身心就愈健全。

瞭解嬰幼兒氣質

氣質，也就是寶寶的個性。新生兒也是有個性的，所以在育兒時，不能老是抱持：我就是用這套老方法把小孩帶大。應該用心認識寶寶，以合適寶寶的方式照顧他。

如何認識寶寶的個性，可從以下方法觀察：

觀察寶寶的活動力
活動力小的寶寶比較容易照顧。

適應環境

有的寶寶在自家或保母家中，可以玩得很起勁，但一到別人家就很彆扭，此類寶寶屬於適應環境能力不佳的類型。

適應力

寶寶托給保母照顧，能否適應，就是適應力的關鍵。

趨避性

觀察寶寶能否與保母或陌生人玩成一片。

情緒本質

有些寶寶人見人愛，有些則不討人喜歡。情緒本質好的寶寶，會順從媽媽的意思與他人打招呼。情緒本質不好的寶寶，即使媽媽重複叮嚀，仍是不愛理人的模樣。

規律性

寶寶是否固定時間喝奶、洗澡、大便？有的寶寶作息規律，有的則不然。

總之，活動力小、堅持度低、環境適應性高、趨避性弱、情緒本質好、規律性好的寶寶，比較容易照顧。

尋找保母要注意相同性及互補性

相同性

「不打不成器」的觀念，一直根深蒂固地存在某些父母心中。這些父母認為：從小對孩子施予打罵教育，將來長大，他才會服服貼貼。

其實此種觀念非常錯誤，因為三、四歲以前的寶寶是處於無律（法律）階段，對一至二歲的寶寶苦口婆心地講道理，毫無意義。

父母找尋保母照顧寶寶，必須考量的因素是，教育理念與管教態度是否一致。所以，不可忽略事前和保母深度溝通，以免對寶寶造成傷害。

互補性

　　人非聖賢，孰能無過？任何人都有優缺點。父母本身當然也有優缺點，所以在尋覓保母時，必須具有互補性，例如不擅言詞的父母，須找一位較喜歡說話的保母，如此寶寶才有語言學習、發展的機會。

父母與嬰幼兒的互動關係

時間

　　理論上，父母一天二十四小時，都應與寶寶相處在一起，但事實卻不能如此。

　　如果媽媽是全職家庭主婦，可以每天陪在寶寶身邊，那寶寶是很幸福的。因為，父母是寶寶的依戀對象，父母在寶寶身邊時，寶寶比較有安全感。

熱愛

　　父母不應忽視與寶寶親近，不然將對寶寶身心造成永難磨滅的傷害。

體力

　　常言道：「大人的體力不如小孩」。根據研究指出，當爸媽疲倦、分神時，寶寶很容易發生意外。所以，照顧寶寶最好的方法是：夫妻雙方輪番上陣。

創意

照顧寶寶時，如果與他說的話、所玩的遊戲一成不變，將使寶寶的學習能力呈現停頓狀態。

寶寶學習能力很強，所以在育兒時，不可一味陳腔濫調、敷衍了事。應多花一點心思，激發創意。

層次

當寶寶學會他的名字、性別、年齡之後，就不要再重複詢問他已經學會的問題，必須提供其他刺激，才能提昇寶寶的學習層次。

保母與嬰幼兒的互動關係

首先必須為保母定位

千萬不能將保母視之為用錢僱請的女傭。因為現代保母，是親職替代者，不但扮演媽媽的角色，也兼任爸爸的職務。

不但是照顧者也是老師

寶寶滿月後，就須教導他、啟發他的學習能力。所以保母不但是照顧者也是老師，父母應尊重保母的意見。

選擇保母

必須瞭解保母的心態，有些保母除了賺錢外，是因為自己的小孩已長大，想找其他小孩做伴。有些保母則是喜歡小孩，看到寶寶就油然高興，以上這些想法都是錯誤的。

存有上述想法的保母，是處自己本位立場，最好的保母應是站在寶寶或父母的本位觀念上。

保母的資格

政府已設立保母證照制度，才能統一規範良莠不齊的保母素質。

保母的健康

保母須有健康的身體、旺盛的體力，才能應付自如。

瞭解保母的家庭背景

可從保母與其先生的婚姻關係如何、保母的小孩品性如何、保母個性如何，著手進行瞭解。

不要找位愛鬧情緒，或沈默內向的保母。如果是位活潑、開朗、外向的保母，對寶寶具有良好影響。另外，保母家庭成員多，對寶寶也有益處，不但可減少保母的工作量，增加寶寶與他人接觸的機會，同時也可培養寶寶的人際關係。

父母與保母的互動關係

溝通

父母與保母每天都須從事溝通工作，因為父母與保母之間，難免產生誤會。一旦誤會發生，倘若沒有經過溝通，立即撤換保母，如此一來，寶寶就必須重新適應新的保母。

即使平常沒有任何誤解，也必須每日溝通，方可促進彼此瞭解、達成共識。

可利用早上、夜晚接送寶寶的時段，彼此交談有關寶寶的情形，使雙方對寶寶有更進一步瞭解。

心態

父母親不應存有提前送、延遲接寶寶的心態，萬不得已時，應事先通知保母，免得保母心生怨言。

其實不妨延後送、提前接，對寶寶比較有利。或許爸媽認為：那這樣不就吃虧吃大了！事實上，如此一來，不但保母高興，父母也增加了與寶寶相處的時間。

良好的三角關係互動

維持良好三角關係，可從以下方法著手努力：

儘量與保母一起照顧寶寶

媽媽提前下班時，可到保母家陪伴保母照顧寶寶，順便利用那段時間，觀察保母照顧寶寶的情形。

兩個家庭之間的互動關係

為了長遠打算，兩個家庭應建立新關係。兩個家庭由互不相識到認識、由認識到成為朋友、由朋友變成好朋友，這種關係是必須經過一段時間的努力，方能達成。但唯有如此的三角關係，才能形成良好的互動關係。

寶寶想睡覺時為何會哭鬧？

　　嬰兒自出生後，睡眠習慣隨著大人的教養方式而形成，培養良好的睡眠習慣，讓嬰兒躺在床上或搖籃上（最好是床上）睡覺，讓他瞭解到躺在這裡就是要睡覺，儘可能的不要抱在手上哄著、搖著讓嬰兒入睡，以免養成壞習慣。

嬰兒睡前哭鬧被許多父母親認為理所當然，真的是這樣嗎？父母也認為只要哭鬧一下就會睡覺，而憑經驗也是如此，真的是這樣嗎？還是哭累了就睡著？

瞭解嬰兒睡眠過程

　　要探討上述的問題，首先就要瞭解嬰兒睡眠的過程，一個嬰兒從開始想睡覺，到完全睡著，大概要經過下列幾個過程：

疲倦

　　睡眠是一種休息，休息好了醒來體力充沛，無論吃奶、活動都顯得愉快，經過一段時間後，又開始疲倦了，這裡所指的疲倦，對剛出生的小孩而言，可能短到只有一、二小時，慢慢長大後，清醒的時間逐漸拉長，不過仍有個別差異。但不管如何，人畢竟不是機器，就是活動一段時間後，體力耗盡，常要藉由飲食和睡眠來恢復體力。

昏沈期

　　此期大約只有數分鐘，慢慢入睡，易被吵醒，不過個別差異大，有的嬰兒還沒吃完母奶或牛奶就進入下一期，有的則持續超過十分鐘以上。

淺睡期

　　此期是真正睡眠的開始，只要沒有太大的聲音，較不易被吵醒。

沈睡期

　　此期嬰兒身體完全放鬆、少移動，難以被吵醒。此時家人沒有必要因嬰兒在睡覺，就降低說話的音量，或降低電視機或其他聲音的音量。

快速眼動睡眠期

此期嬰兒眼球快速跳動，通常在此一期嬰兒會做夢，不易被吵醒，體溫會升高，可能會踢被子。值得注意的是，嬰兒從昏沈期到這一階段後，會再回到前面一或二期，也就是說，上述的五期，在嬰兒的睡眠中是一直在循環的，平均大約五十分鐘會循環一次。

睡前哭鬧的原因

在瞭解嬰兒的睡眠過程後，接下來就探討哭鬧的原因，以便做輔導的參考。

「哭鬧」表示疲倦

嬰兒不會告訴父母親說：「我很累，我想睡覺了。」嬰兒的哭鬧就是他的「語言」，所以聰明的父母親，應該去學習分辨此時嬰兒哭鬧的意義。

趨樂避苦

從佛洛依德的精神分析論而言，在嬰兒的世界裡充滿了「本我」的特質，此一特質受到「快樂原則」的支配，嬰兒有「趨樂避苦」的傾向，而對「疲倦」的嬰兒來說，是一種苦，所以他要「趨樂」，而最能讓他趨樂的事，當然是睡覺，可是偏偏在這個時候大人沒安排他睡覺，所以就用哭鬧來表示抗議。

情境不對

當大人已充分瞭解嬰兒要睡覺，而且也已安排他睡覺，為何還是哭鬧呢？此時應該朝著情境因素去找原因，例如：是否太吵？是否大人抱他的姿勢讓他感到不舒服？是否不是在他通常睡覺的地方（因為有些嬰兒會認床）？

吵醒

當嬰兒進入昏沈期，甚至於淺睡期時，可能因聽到大的聲音或抱著搖晃過大而又吵醒他時，也會以哭鬧來抗議。最常見的是，當他被大人抱著睡覺（哄睡）時，大人以為他已睡著了，所以將他安置在床上或搖籃內，此時他又醒過來哭鬧一番，原來他只進入昏沈期或淺睡期，所以容易被吵醒，有經驗的大人應該觀察嬰兒是否已進入沈睡期，唯有在沈睡期放到床上或搖籃上，才不會讓他醒來而哭鬧。

睡前哭鬧的處理

針對上述所提出的原因，以下說明處理的方法：

瞭解嬰兒

父母親帶嬰兒應好好去觀察，瞭解嬰兒的肢體語言、行為及生活習慣（尤其是睡眠習慣），在瞭解其睡眠週期後，更能輕易瞭解嬰兒的哭鬧所代表的涵義，如果是睡意來臨時，最好能儘速安排其睡覺。而如能在還沒哭鬧前，即安排他睡覺，是最好不過了。

情境控制

當嬰兒在「疲倦」及「昏沈期」時，如果周遭的環境太吵、光線太強、刺激物太多（如玩具、大人或小孩、新奇的環境等）時，顯然無法讓他安然入睡。因此，父母親或保母應該控制音量（如大人或小孩講話的聲音、電視的聲音等），如果無法控制外在聲音的干擾時，儘可能的將嬰兒帶到一個較安靜的地方讓他入睡。此外，也儘量排除其他可能的干擾。

培養良好的睡眠習慣

嬰兒自出生後，睡眠習慣隨著大人的教養方式而形成，此時有必要

在人生的第一步培養良好的睡眠習慣，讓嬰兒躺在床上或搖籃上（最好是床上）睡覺，讓他以制約學習的方式瞭解到躺在這裡就是要睡覺，儘可能的不要抱在手上哄著、搖著讓嬰兒入睡，這是壞習慣；大人嘴巴哼著催眠曲哄睡，是一種制約學習，但也不是一種好習慣，儘可能避免。

嬰兒與口慾

　　人生當中的每一個時期，幾乎都會不自主的、習慣性的把指頭放在嘴巴裡，這種情形在人生的第一年——嬰兒期，尤其顯著。

人生當中的每一個時期，幾乎都會不自主的、習慣性的把指頭放在嘴巴裡，這種情形在人生的第一年——嬰兒期，尤其顯著，以下進一步說明原因。

吸奶嘴或手指頭的原因

　　解釋嬰兒吸奶嘴或手指頭的原因，最被認同的是精神分析大師佛洛依德的「人格發展論」。他將人格發展分為五個時期，第一期即由初生到一歲的嬰兒期，佛洛依德認為，此期嬰兒生活重心在追求口慾的滿足，亦即藉由口腔的吸吮、咀嚼來得到快感，如此可獲得身心正常發展。

　　在其他研究證據中顯示，目前已被證實是胎兒也會吸吮手指頭。一般對此一動作的解釋，是說「無聊、寂寞」的關係。因為胎兒在子宮內，受到外在的刺激並不多，故在無聊、寂寞時，會把手指頭伸向嘴巴裡。此時手部的活動也逐漸靈活，且手又接近嘴巴，所以非常方便吸吮。出生之後，若嬰兒沒有奶嘴，又無玩具在手時，吸吮手指頭也應是「沒事找事做」的心理解釋。

　　另有一說，認為吸吮手指頭可以消除緊張、焦慮，這種情形在幼兒期、兒童期，甚至於青少年時期都非常顯著，但應可推論至嬰兒期（尤其是情緒發展至認生期或有分離焦慮之時）。

個別差異

　　人類發展，本有個別差異，在此時期有些嬰兒會相當依賴奶嘴或吸吮手指頭，但有些則不明顯，甚至傾向於排斥。然大多數嬰兒，應該不會是前述兩個極端，這是常態分配法則，亦即大多數嬰兒對奶嘴均有一定的依賴度，且偶會有吮指的動作出現。

後遺症

吸吮奶嘴及手指頭，除了滿足口慾之外，偶爾會出現一些後遺症，例如：因奶嘴及手指頭不乾淨，而有細菌感染之虞。此外，六個月以後的嬰兒，在長牙時由於牙齦會癢，會咬著奶嘴止癢，如此可能會造成日後齒列不整的現象出現。

戒除時機

就佛洛依德的觀點，一歲以後的幼兒已漸漸將口慾的滿足，轉向肛門，亦即不再藉由吸吮奶嘴來得到快感，故最遲一歲是戒除吸奶嘴的適當時機。如因長牙齒而常用力咬奶嘴時，可以提前協助戒掉，以免妨礙牙齒生長。

戒除方法

戒除奶嘴或防止其吮指，千萬不可操之過急，或採強迫手段，或在奶嘴頭塗抹萬金油等刺激物，如此會造成嬰兒的挫折感與緊張情緒。所以應用漸進方式，例如：以玩具轉移其注意力，讓他忘了吸奶嘴，或因手上拿著玩具而無法吸吮手指頭等。此時，嬰兒多少會產生焦慮感，因此在心理上宜多給予關懷，抱他、愛他、多和他說話。如此，即可在平和的過程中完成戒除吸吮奶嘴或手指頭的現象。

挖掘小小寶庫
——啓發孩子心智的活動

所謂的「健康」，是包括身體與心理兩方面，而心理層面部分愈來愈受現代父母重視，但又不知道該如何啓發孩子的心智。其實孩子的發展有其階段性成長，毋需操之過急。

剛出生的新生兒什麼都不懂，什麼都不會——這種過去被廣為認同的觀念，已被有關的專家學者所推翻了。原來，剛出生的新生兒已有「視覺能力」，透過視覺，他可以看他想看的東西；他已有了「聽覺能力」，透過聽覺，他可以聽到一些聲音；他已有了「嗅覺能力」，透過嗅覺來聞到不同的味道；他已有了「味覺能力」，透過味覺來嘗到不同的味道；他已有了「觸覺能力」，透過觸覺，體驗環境中各種不同的東西。由此可知，嬰兒本來就帶著各種能力來到這個世界，利用這些能力，嬰兒開始學習、成長和發展，而父母親也可利用嬰兒的這些能力，開發他們的潛能。

理論上的依據

　　心理學家皮亞傑把人類智能發展分為四個階段，其中從出生至二歲為「感覺動作期」，此時期嬰幼兒的認知活動是建立於感官的即刻經驗上，主要是依靠動作和感覺，透過手腳及感官的直接動作經驗來慢慢瞭解外界事物。這說明了二歲以前的嬰幼兒學習活動，是純粹靠外界給予的刺激，透過其感覺（包括視覺、聽覺、味覺、嗅覺、觸覺）系統，來瞭解這個世界。因此，欲開發此期嬰幼兒的潛能，就要給他多看、多聽、多觸摸，將有利於其智能的開發。按皮亞傑的說法，二至七歲的幼兒進入「準備運思期」，此期的幼兒是以直覺來瞭解世界，他們往往只知其一不知其二，開始以語言或符號表達他們經驗的事物，其認知活動為身體的運動與知覺經驗，如跑、跳、遊戲、看、聽、觸覺反應等。因此，欲開發此期幼兒的潛能，除繼續上一期的多元性感官刺激外，還要給其做些體能活動、遊戲和說話的機會。

　　心理學家布魯納提出認知發展論，認為出生後六個月至二歲的嬰幼兒正處於「動作表徵期」，此時期他們會以對物體的直接作用來解釋其所接觸的世界，所表現的行動為看、抓、握、嚼等動作，並進而與周遭事物產生關聯，例如：知道椅子是能坐在上面的東西等。依布魯納的觀

點，欲開發此期嬰幼兒的潛能，就要讓他多看、多抓、多握，亦即多經歷日常事物，不要老是抱著他，或讓他無所事事。幼兒大約在二、三歲以後進入「影像表徵期」，此時能夠應用視覺，如觀看事物的圖片或透過事物的影像而認識、瞭解該事物。除視覺外，幼兒亦可能會應用其他感官來組織認知結構。依布魯納的觀點，欲啟發二歲以上幼兒的潛能，除承繼前期的刺激外，還可以給幼兒看些卡片（如動物、水果……）、圖書、錄影帶等，幼兒可以吸收並內化到其思想體系，成為一個有「知識」的幼兒。

　　心理學家艾力克遜提出心理社會學說，認為出生後的第二與第三年間，稱為「自主的羞愧、疑惑期」。幼兒在此時期具有行走、攀爬、推拉等動作能力，這些動作有助於幼兒建立自信，使其願意自己來從事每一件事情。依艾力克遜的觀點，此時期是開發動作技能的關鍵時刻，父母應給予幼兒機會，否則會造成將來羞愧疑惑的個性。

啟發潛能概述

　　由以上心理學者理論的介紹，吾人可知，欲啟發嬰幼兒潛能是需要以年齡為依據的；更具體的說是要按嬰幼兒身心發展狀況來設計活動的內容，但仍有其個別差異，父母可彈性處理。以下就依不同年齡層次之嬰幼兒，介紹開發潛能的活動：（以下部分參考石明英所編之量表）

○至六個月

- 視覺：能注視眼前移動的玩具。
- 聽覺：從右邊（或左邊）叫他的名字，會轉頭。
- 觸覺：能伸手去抓眼前的玩具。
- 技能：能翻滾及拉物品。
- 協調：能看自己兩手的活動，能伸手去抓物品（以上為手眼協調），能拿東西往嘴巴塞（手、眼、嘴協調）。

- 語言：臉會轉向音源，聽到自己的名字會有反應，能發出一些聲音及模仿一些簡單的音調。
- 社會：能微笑、表示出快樂或不快樂的感覺，對照顧他的人會表現出親切熟悉的現象。
- 情緒：能表現出激動、愉快、苦惱、憤怒、厭惡的情緒。

七至十二個月

- 語言：能發出單音（如mamama、dadada），對「再見」等聲音或手勢有反應，能理解常見東西的名稱（如球、小貓、狗狗……），能服從手勢伴隨著語言的要求（如來！去！），能帶有表情且快速的愛說話（喃語）。
- 視覺：能注視近距離移動的東西，辨別熟人與陌生人。
- 聽覺：能短暫的傾聽音樂或其他聲音，能聽懂大人簡單的話語（如拜拜）。
- 動作：能坐、能爬、能扶物站立，能將物品由一手交到另一手，而且可以握一些玩具。
- 協調：玩具可換手玩，會敲打物品，會搖晃發聲的玩具，並且能將湯匙放進杯子裡，能撿起掉下的玩具。
- 自理：能自己拿東西吃（如餅乾、水果），用杯子喝水或牛奶、果汁，能移動（以爬、扶物而走、獨走的方式）到他想到的地方。

一至二歲

- 語言：能模仿笑、哭泣，能說單字、雙字及多字句，能服從命令且遞給發令者物品，知道幾個身體部位的名稱，能指出日常熟悉的人、動物、玩具，能模仿動物和車子的聲音，還能告知他人要排便。

- 動作：能將玩具收拾在箱子裡和模仿一些簡單的動作（如點頭、搖頭、擺手等），能拿筆在紙上畫線，能丟球、蹲下或跪下，能由椅子上下來，會自行爬樓梯、轉門把，也能自己翻書。
- 視覺：能注視滾動的球，對於手勢有所反應，能區分臉的表情（如笑、哭），能看書本中的圖畫。
- 協調：能從桌上拿起杯子喝水，能完成圓形、正方形、三角形等的崁鑲板。
- 認知：能記得簡單的因果關係（如按開關），認識自己的名字及玩具，能說出身體一至五個部位的名稱，且能正確說出日常生活中常見的物品名稱。
- 自理：會坐在小馬桶上廁所，能脫下襪子，並且能使用湯匙。
- 社會：會有引起大人注意的情形，表現出喜歡手足或同儕。
- 情緒：能表達自己的感情，如愛、快樂、嫉妒。

二至三歲

- 動作：能用積木建造一座橋，學習描繪簡單的圖形，能跳，扶持他物可以單腳站立，能玩溜滑梯，而且能慢慢地上下台階。
- 語言：能使用簡單的名詞、動詞、形容詞和代名詞說話，能理解大人簡單的會話，而且問句開始增多。
- 認知：能說出圖畫上物體的名稱至少十種，能比較球形的大小且瞭解抽象的概念（如大小）。
- 知覺：能看電視、錄影帶，區別不同形狀的積木。
- 協調：能轉（或按）玩具電話鍵盤，會在畫板或紙上塗圓形、打點、畫形狀，能用剪刀剪紙，以及能完成簡單的拼圖。
- 自理：能脫外套及衣服，穿簡單的衣服（如寬圓領套頭型），能脫褲上廁所，能收拾玩具。
- 社會：由單獨遊戲進入平行遊戲，能開始做想像遊戲，並與同儕

交換玩具。

· 情緒：表現出害羞、不安、羨慕、希望的情緒。

6

將愛深植於孩子心中

Samantha
1998

■仔仔在公園裡嬉戲，突然看到草叢有一長列的螞蟻在前進，他很快地提起腳來，把牠們一一的踩死。

■小文早上起來，看到水族箱裡的小金魚死了一條，她很驚慌地告訴媽媽，要媽媽趕快來，要求媽媽趕快給魚吃藥，她難過、傷心地哭了起來。

■在郊遊的途中，小莉沿著路邊的矮樹，將樹上的小草花一朵一朵地摘下來，然後很高興的扔在樹旁，嘴裡不斷的數著：一朵、兩朵、三朵……。

■毛弟在巷道撿回一隻髒兮兮又生病的流浪小貓，媽媽趕忙說：「髒死了，趕快丟掉。」可是毛弟卻說：「小貓咪好可憐哦！我們幫牠洗澡，餵牠吃東西好嗎？」

以上四個例子，常常發生在周遭的小孩身上，誰是有愛心、同情心的孩子？誰具有暴力、殘忍的傾向？我們很容易分辨；為什麼幼小的孩子會有如此不好的行為出現呢？讓我們來找找原因吧！

有關學理的說明

精神分析學派的始祖佛洛依德認為人性本惡，天生俱有攻擊的本能，所以上例仔仔與小莉的作為乃屬於人之天性。而小文與毛弟的表現則被認為在嬰幼兒期得到適度的關懷與愛，故能回饋給魚、貓等小動物。

就社會學習論而言，認為人的行為不論是好是壞，都是模仿、學習而來的，故上述四個例子中，該四名幼兒之行為，一定是先前曾看到有相同（或類似）的行為，加以模仿、學習，而內化成為個人的特質。

行為學派傾向於個體受到某種刺激後，會產生某種反應，故仔仔與小莉先前可能受到不好的刺激（如被父母親打罵、被同儕欺侮等），心裡壓抑著怒氣與怨氣，而將之發洩在螞蟻或花的身上。至於小文與毛弟的行為則表示先前得到人性化的照顧，得到應有的尊重（刺激），而能

以相同的心態來對待其他的人或動物（反應）。

　　就教育的觀點，行為（不論好的或不好的）學習大都由父母或師長加以指導，好的行為被鼓勵，不好的行為被糾正，如此幼兒漸能保持良好的行為模式，而摒棄不好的行為，是故上述的例子中，小文與毛弟可能已接受愛護小動物的教育，而能付諸行動，而仔仔與小莉可能尚未被教導愛護小動物（救昆蟲）的觀念，所以仍表現出不當的行為。

幼兒的心理特徵

　　談培養幼兒的愛心與同情心之前，先要瞭解幼兒的心理特徵，可達事半功倍之效。

可塑性

　　幼兒的觀念，就像一張白紙，可任由父母或老師加以塑造，故在此時施予愛心與同情心的教育，事半功倍。

模仿性

　　幼兒的模仿性很強，其模仿的對象以認同對象 —— 父母或老師為主，同儕為輔，故父母及老師應給予榜樣，同時對孩子玩伴的選擇也應予加強注意。

萬物有靈論

　　在幼兒心目中，所有的東西都是有生命的，包括：桌子、椅子、玩具、花草等，故吾人在教導孩子的愛心與同情心時，也要從愛護一般的小動物擴及至昆蟲、植物，乃至於玩具、家具等。

富同情心

　　幼兒的心靈富同情心，在聽悲傷、可憐的故事時表露無遺，利用這一點特質，要再培養愛心與同情心就更容易了。

培養幼兒的愛心與同情心

　　根據前述理論與幼兒心理的探討，培養幼兒愛心與同情心可從下列幾方面著手：

培養愛護任何東西的觀念

　　從日常生活做起，愛護家中的任何玩具、家具及其他物品，要幼兒小心地玩玩具，當玩具壞了，儘量想辦法修護。從小養成愛護各種東西的特質，擴展到花草樹木、小動物，以至於人類。

有計畫的課程設計

　　將家中壞了而能修復的玩具、書本、家具在幼兒面前修復；對稍微枯萎了的室內植物澆水，讓它再度欣欣向榮；在裝扮遊戲中，洋娃娃生病了，教導幼兒協助照顧等。

機會教育

　　出門前，故意帶點食物，餵餵路邊的流浪貓狗；在地下道、菜市場等地方，遇有人行乞時，施以援手，並告訴幼兒為什麼要給錢（或食物），總之，遇有助人的機會，讓幼兒知道，甚至讓幼兒參與（可帶餅乾或水果給路旁行乞的人）。

時時觀察，適時指導

　　在幼兒單獨或與同儕遊戲時，時時觀察其遊戲內容，如遇有愛心、同情心的表現時，立即加以鼓勵；如遇破壞東西、動手打人、欺侮弱小、隨便摘花等行為，隨時予以糾正。

說故事

　　選擇一些有關愛心、同情心教育的童話故事、寓言故事或名人故事

等，說給幼兒聽，並與幼兒討論故事的內容，使其更能體會愛心與同情心的眞諦，並加以效法。

培養服務的人生觀

　　愛心與同情心的極致，可在於培養服務的人生觀，亦即將消極的對萬事萬物乃至於全人類抽象的愛與同情，轉化爲積極的行爲，實際的行動，爲需要服務的弱者服務，在此所謂弱者，包括：玩具、一花一木、昆蟲、寵物等幼兒能力所及的服務對象，如此未來長大後，必能爲家庭、社會及國家服務。

傳統與現代育兒觀

　　教育子女必須講究方法與技巧，如此更能得心應手，孩子的學習效果也較佳；因此，應多管道學習教養子女的技巧與方法，如看書、聽演講、看雜誌、向有經驗的人請教，相信小孩子會更好、更壯、更強。

父母生兒育女、傳宗接代，自古迄今並沒有特殊的變化，九月懷胎生下兒女，自然而然教之誨之，一則希望其獨立，二則希望其能出人頭地。在這個大原則之下，配合父母對孩子的期待。

　　以孟母為例，不希望孟子長大後當「道士」，或辦理葬儀社的業務，也不希望他當商人，而希望他當讀書人。以現今的觀點，吾人講究「行行出狀元」或「適性教育」，由此看來，傳統與現代的育兒觀，是有所不同的，以下將更詳細的來探討。

傳統的育兒觀

　　有關傳統的育兒觀，以下先列舉一些文獻資料再作歸納：

「夫然後足以化民易俗，近者說服，而遠者懷之。」
「凡學：官先事；士先志。」
「不學操縵，不能安弦。不學博依，不能安詩，不學雜服，不能安禮。」

～禮記學記篇

「自天子以至於庶人，壹是以修身為本。」

～禮記大學篇

「哀哀父母！生或劬勞。父兮生成，母兮鞠成：欲報之德。昊天罔極。」

～詩經蓼莪篇

「業精於勤，荒於嬉。」

～韓愈進學解

　　由以上之文獻節錄，歸納古代育兒觀如下：

1.道德、修身：希望能教化萬民，改善社會風氣。

2.為官之道：教導學子未來如何做官。

3.為士之道：教導學子為學之道，要先立志。

4.教導如何彈琴。

5.教導學習禮儀制度，進退之節。

6.教導家事。

7.教導寫字、讀書。

8.教導射箭駕車之道。

9.教導孝順之道。

10.反對遊戲。

現代的育兒觀

現代父母的育兒觀可由下列幾點說明之：

重視智育

現代父母對學齡前兒童的教育首重智育的發展，常會教導各類的知識，如動物、水果、顏色等。

重視文學

如童話故事、寓言故事、兒童詩歌、圖畫故事書的提供。

重視才藝

諸如鋼琴、小提琴、畫畫、勞作等才藝教學，並重視唱歌的教學。

重視運動

如游泳、爬山、戶外活動，及其他運動器材的使用（鞦韆、滑梯等）。

重視外語

特別是英語的學習，從小就從英文兒歌、錄影帶教學，一直到學前機構的雙語教學。

重視禮節

父母親在日常生活中，常會教導子女一些禮貌用語，如「請」、「謝謝」、「對不起」、「借過」等禮貌用語；也會教導孩子對人要有禮貌，如打招呼用語：「阿姨好！」、「叔叔好！」等。

重視規矩

如用餐的規矩、作客的規矩、與長輩相處的規矩等。

重視遊戲

安排各種場合及購買玩具讓幼兒遊戲。

傳統與現代育兒觀比較

傳統與現代的育兒觀經過上面的描述，我們可發現一些相同之點及相異之點，說明如下：

在相同（或類似）點方面：兩者均重視讀書，希望子女能更有學問，而在人生早期即相當重視；其次是對音樂教育的重視，雖然傳統與現代的樂器不盡相同，但重視樂器的彈奏是一樣的；再者是禮貌教育，先人與現代父母均希望教育出有禮貌的下一代。

在相異點方面：傳統的母親較重視對兒女的道德教育、修身養性之教育、鼓勵子女未來能做官、教導子女做家事、子女對父母絕對的孝順。而現代的母親比傳統的母親更重視智育的教育、文學的多樣化、才藝教學、外語學習，以及重視遊戲活動和玩具的購買。

對現代父母的建議

　　傳統與現代有時間與空間的不同，也有觀念和社會背景的不同，會存在一些不同的育兒觀是可以理解的，但客觀而言，應有其優缺點，因此，以下對現代父母的育兒觀之建議，則強調「吸收先人育兒之長處，融入現代進步的教育觀念」，如此可造就更優質的下一代。

重視道德及修身教育

　　目前社會亂象作姦犯科之事相當普遍，輔育院、監獄人滿為患，都說明現代人道德淪喪、自私自利的處世觀。因此，應對子女加強道德及人格教育，使兒童未來能夠做個堂堂正正的人。

五育並重

　　現代父母過於重視子女的智育，認為只要會讀書、考試成績高就好，如此對於智育差的孩子形成嚴重的打擊，從小就產生嚴重的挫折感。對於智育好的也常因五育無法均衡發展，造成子女在德育、體育、群育及美育方面的落差，而無法成為一個身心更健全的人。

強化生活自理能力

　　現代的幼兒可能語言能力很好、玩具很多也玩得很好、到過許多地方而見聞很廣、身強體健，但在生活自理能力方面卻很差，如不會自己吃飯、不會自己穿鞋、不會自己洗澡等，更談不上家事的幫忙。因此，為了子女的獨立，希望能強化其生活自理能力。

適性教育

　　廣泛的給予五育的刺激，從中慢慢的觀察，發掘孩子的能力、興趣及個性，給予適性的教育；不要強迫孩子學一些他們不喜歡的才藝。

瞭解幼兒身心發展

養兒育女要能成功，而不要傷害小孩，首重瞭解幼兒的身心發展，如此才不會揠苗助長。掌握身心成熟的準備狀態，在發展的關鍵性時刻，適時教育的介入，則幼兒的發展可以得到「事半功倍」之效。

重視語文教育

語文教育為進入兒童期以後一切學習之本，故在幼兒期應重視語文教育，但幼兒期的語言教育絕不是讀書、認字與寫字，而是說故事（童話、寓言和歷史故事）、童詩、兒歌的學習。此外，也包括國語及母語的學習，如果可能的話，外語的學習也是值得鼓勵的，可以開拓幼兒的視野。

培養教育方法與技巧

教育子女必須講究方法與技巧，如此更能得心應手，孩子的學習效果也較佳，更樂於學習，偏偏父母大都沒有教學經驗。因此，應多管道學習教養子女的技巧與方法，如看書、聽演講、看雜誌、向有經驗的人請教，相信小孩子會更好、更壯、更強。

培養孩子
與手足、友伴的良好關係

　　良朋益友不但能陪伴我們走過人生低潮，也能分享我們的歡樂與成就；父母如能靈活運用各種方法，建立子女與友伴間良好的互動關係，必有利於子女的社會行為發展，間接的，必有利於整個人生的全程發展。

父母陪我們度過人生的前半段，我們的子女陪我們度過人生的後半段，在我們人類的親情中，最長的莫過於手足關係，它伴我們度過整個人生，因此，這是很值得珍惜的一種感情。然而我們也常聽到手足相爭、兄弟鬩牆的事例，殊覺可惜，這仇恨一結，甚至於是大半輩子，何苦來哉。

良朋益友為世間珍貴感情

「良朋益友」陪伴我們走過人生的低潮——功課的失敗、感情的挫折、婚姻的衝突、事業的打擊等等；「良朋益友」也分享我們的歡樂與成就，沒有利益衝突，沒有勾心鬥角，這也是人間非常珍貴的感情。面對這兩種感情的培養，從精神分析論的觀點來看，其關鍵性時刻乃在嬰幼兒時期，亦即在此一時期社會化良好，培養出兄友弟恭、互助共樂的人際互動關係，手足、友伴必然陪伴我們度過美滿的人生。

至於要如何培養孩子與手足、友伴間建立良好的關係呢？以下就提出一些方法。

精神分析觀點——適時給予滿足

精神分析學派的創始人佛洛依德認為人性本惡，充滿了暴力與攻擊，對手足與友伴關係具有毀滅性，依其觀點，我們看到嬰幼兒會有怒視、罵人、打人的行為（我們並沒有教他如何罵人、打人）；我們也看到手足之間為了一個玩具，總要打個你死我活。成人世界更不在話下，數位好友在一起，幾杯黃湯下肚，就露出了愛慾，不但撤離了心理防衛，還擺脫了法律束縛，動刀、動槍的，每日見諸媒體，完全應驗了精神分析學派的說法。

因此，從此一學說的觀點，要建立良好的人際關係是很困難的。但吾人也不必那麼悲觀，佛洛依德既然是一位精神科醫生，必也提出了解

藥，方法如下：

健全人格發展

在嬰幼兒時期，一方面滿足嬰兒的口慾，使其無所匱乏，再加以親情的介入，讓其感受到成人的溫情，日後必然會將此時所獲得的，回饋到手足與友伴之間。二方面在肛門期大小便的訓練過程，不要過於嚴格或是放任，如此在得到排泄的快感且沒有感受到來自成人的壓力時，人類的摯情必然流露，洋溢在手足與友伴之間。

人格結構的平衡

嬰兒出生之後，其人格結構主要是本我的層面，充滿了動物性，追求的是飽食、解渴與避苦（如免於病痛和去除濕尿布），大人適時給予滿足，必能讓其感受快樂人生的樂趣。

然而，隨著幼兒的成長，自我的層面也慢慢地萌芽，嬰幼兒必須開始接受現實社會的洗禮，才能變成社會化的人。此時，大人一方面要滿足嬰兒趨樂避苦的本性，另一方面也要教他現實社會中，一個人不能獨占玩具、獨享食物，也不能隨性撒野，要學會與手足與友伴一起分享資源。當本我與自我之間取得平衡的時候，必然成為一個十足的社會人，必能與手足、玩伴和睦相處。

行為學派觀點——營造有利的成長環境

行為學派心理學家華生認為，行為的產生是環境刺激所引起的，因此，要培養嬰幼兒良好的人際關係，就必須要從生活環境以及管教方式著手，也就是要營造一個有利的成長環境，也去然除不當的人際互動環境，說明如下：

設計有利的成長環境

從小讓幼兒與手足、友伴相處，一般而言，幼兒自一歲以後慢慢進入平行遊戲期，此時雖不至於要有友伴，但如果能有友伴一起玩耍，可讓孩子知道主體（自己）與客體（他人）的存在，而慢慢的解除自我中心的思想，逐漸進入社會化，若再有哥哥、姊姊或鄰居等的玩伴，不斷的與他互動，更有利於他的社會化發展。

資源的提供

資源提供的不當最容易引起幼兒間的紛爭，例如：玩具、食物、衣服等，因此，父母親要給孩子提供這些資源時，就必須考慮能不能「擺平」，不能擺平時造成紛爭會有很大的副作用。

避免妒忌心的產生

父母親對嬰兒或年紀較小的孩子，付出更多的關照是理所當然的事，例如：抱他餵奶、抱他玩遊戲、逗他玩等，此時，站在旁邊兩、三歲的哥哥、姊姊心中作何感想。一般會認為是這個小壞蛋搶走了我的爸爸和媽媽，妒忌心的升起並不利於手足關係的建立。因此，父母親一方面要避免這一種情景讓幼兒看到，二方面如果被看到是不能避免的話，也要在照顧嬰兒的同時，順便關照大的孩子，例如：抱嬰兒餵奶時，順便和他說話，也可以讓他參與照顧小弟弟、小妹妹的行列。

善用行為原理

當幼兒與手足、友伴玩耍時，若能一起分享玩具，以及和睦相處時，則給予孩子精神的鼓勵（如摸頭、口頭讚美、拍手），或是物質上的鼓勵（如給一塊餅乾、果汁或玩具）。如與手足或友伴玩耍而產生紛爭或攻擊行為時，則給予適當的處罰（如沒收玩具），但對於年紀小的孩子的教育方式應多鼓勵、少責罰。

社會學習論觀點——營造觀察與模仿情境

社會學習論學者班都拉認為，行為的學習是透過觀察與模仿而來的，因此，欲培養嬰幼兒與手足、友伴之間的良好互動關係，就必須營造一個觀察與模仿的好情境，說明如下：

觀察

嬰幼兒觀察人類良好的人際互動，首推父母關係，亦即父母間相處愉快，不會有口角、暴力的情境讓嬰幼兒看到，嬰幼兒自然能耳濡目染，學習良好的人際互動。此外，家中其他成員的互動關係，當然也是嬰幼兒觀察、學習的對象，尤其是小孩間的互動模式，父母應儘量避免不愉快事件的發生，營造小孩間和樂相處的氣氛，給嬰幼兒有一個好榜樣。

模仿

模仿的內涵與觀察是差不多的，不過模仿會比觀察更具體，因為模仿必須經觀察後再實際的運作。在教育上可以用角色扮演（扮家家酒）的方式來進行，在遊戲中，設計因彼此尊重、分享與和諧關係所帶來的愉快感覺；同時也設計因爭奪、謾罵而產生的不愉快氣氛，最後用孩子懂得的語言、瞭解的思考模式，與孩子一起討論，讓他瞭解分享、和諧的重要性。此外，在家裡、公共場所，如果看到其他小朋友有良好的人際互動時，也不要忘記機會教育，隨時指點給他看，相信是最好的學習典範。

培養良好的手足及友伴關係絕對有其必要性，方法已如前述，然而亦有多種不同學派之觀點，可供參考，期盼父母親能靈活運用這些方法，也必然有利於子女的社會行為發展，間接的，也必然有利於整個人生的全程發展。

小心！
你可能也是「虐嬰兇手」！？

　　根據統計，對兒童施虐的人，大部分是父母親，這是因為父母與兒童接觸頻繁所致；至於對嬰兒的施虐者，當然以父母或其照顧者最多。雖然自古以來常說：「天下無不是的父母」，但新生命的誕生，需要妳、我細心的呵護與關懷，才能使生命健康快樂成長。

生而爲人，就應受到絕對的、無條件的尊重，但事實上並不是如此，大部分的人類仍遵循達爾文進化論的原則 —— 物競天擇，優勝劣敗，適者生存，不適者被淘汰。殺嬰、棄嬰、虐待事件，不是在落後地區所獨有，目前在台灣，仍常見諸媒體，加上沒有被揭發的黑數，就不難想像問題的嚴重性了。

種種事件的發生，除了顯示現今人性的險惡外，這些一歲以內的受害者，其生理上所受到的戕害，日後將付出無以計數的醫療成本；其心理上所受到的殘害，日後將因人格造成的偏差，做出害人害己的行爲，相信未來的社會必須付出相當的代價。

自古以來，國人身受「棒打出孝子」、「不打不成器」、「天下無不是的父母」之錯誤觀念影響，兒童被打罵，不但是司空見慣，甚至認爲理所當然，而剛出生的嬰兒也不能倖免，似乎驗證了佛洛依德的「人性本惡」論。

到底嬰兒受虐的內涵爲何？以及如何去防治呢？這是本文所要探討的。

嬰兒受虐的種類

嬰兒受虐的種類大致可歸納爲下列四類：

身體的傷害

所謂身體上的傷害，即直接或間接加諸嬰兒身體的傷害行爲，例如：搖撼、毆打、燙傷、讓其服用鎮定劑或安眠藥等。身體上的傷害可能導致嬰兒瘀青、身體部位受傷、骨折、中毒、生病，嚴重者造成肢體殘障、腦性麻痺，甚至死亡。因此，將付出龐大的醫療及社會成本。

身心上的疏忽

所謂疏忽就是沒有適當地照顧到嬰兒的健康、安全及幸福。身體上

的疏忽包括未能提供適當的衣服、營養與醫療等；心理上的疏忽包括無法提供適當的教育及讓嬰兒獨處在自家。

依筆者之見，產婦捨母乳不餵，而為嬰兒餵食配方奶粉，即屬營養上的疏忽；而許多父母（或其他照顧者）常認為嬰兒什麼都不懂，什麼都不會，所以不用教，這種錯誤的觀念，也算是一種教養上的疏忽。身心上的疏忽可能導致嬰兒受傷、生病、發展遲緩、缺乏安全感、退縮等特質。

精神上的傷害

所謂精神上的傷害係指對嬰兒造成心理上的恐懼或侮辱，例如厲聲叫罵、嘲笑、恐嚇、不與其說話、不能給予溫暖及愛等。實驗顯示，剛出生二至三個月的嬰兒並不瞭解大人「惡言相向」的真義，甚至還以為在開玩笑，但隨著嬰兒的成熟與發展，就漸漸地瞭解此一負面意義，當然也會帶來負面的影響。

而此時正是佛洛依德所提到的口慾期，未給予口慾的滿足，會造成口腔性格，諸如悲觀、依賴、被動、退縮、仇視等；艾力克遜也認為此時若不常抱抱嬰兒、不和嬰兒說話等心理上的滿足，則日後會造成人格的不信任感。

性虐待

所謂性虐待係指對嬰兒做出性騷擾或強姦，包括玩弄生殖器官、手淫、褻玩身體其他部位、強姦等，比較常發生的是「戀童症患者」撫摸嬰兒的性器官，偶爾也會出現性衝動的青少年以生殖器官去碰觸女嬰的陰部。

性虐待的結果可能造成女嬰陰部出血、陰部及大腿附近瘀傷及紅腫、處女膜破裂和性病。

被虐待嬰兒的特質

什麼樣的嬰兒較會被虐待呢？筆者大致把他歸納為下列幾種：

不可愛的

從外表來看，嬰兒的面貌、五官、體型無法吸引人，容易被照顧者施虐。

不預期出生的

如未婚懷孕或夫妻避孕失敗所生下的小孩，很容易讓父母產生拒絕感，進而產生虐待行為。

不好帶的

不好帶的、脾氣不好的、吵吵鬧鬧的嬰兒，自然引起父母的反感，造成有形、無形虐待的事件發生。

發展不良的

早產兒、體形太小、常生病，或有先天性缺陷（如兔唇、智能不足、發展遲緩）等嬰兒，常會造成親子間不良的關係，讓父母對之感到失望，父母還可能對他產生拒絕或懷恨之意。

施虐者特質

根據一般統計結果，對兒童施虐的人大部分是父母親，這是因為父母與兒童接觸頻繁所致；至於對嬰兒的施虐者，當然以父母及保母最多，其特質說明如下：

婚姻失調

父母婚姻失調常導致情緒的不穩，若身邊嬰兒哭鬧不停，基於情緒

的轉移，此時嬰兒可能就成為出氣筒了。另外，在一些不幸的婚姻中，先生（或太太）常會對嬰兒施虐，來引起太太（或先生）的讓步或關懷，嬰兒也就成了代罪羔羊了。

缺乏教養知能

　　許多父母因缺乏教養嬰兒的知識與能力，在遇到挫折時，就開始施虐了。例如：嬰兒哭個不停，父母親不知道嬰兒為何而哭，所以無法去化解嬰兒的哭鬧，再加上EQ太低，於是就火大而施虐了。或是認為嬰兒吃飽了睡、睡飽了吃就好了，不常抱他、不和他講話、不買玩具給他，如此就構成疏忽了。

壓力過大

　　夫妻間來自生活的壓力、經濟的壓力、工作的壓力等，自然情緒不佳，若再加上EQ太低，無法管理好自己的情緒，就很容易虐待嬰兒。

酗酒與藥物濫用

　　父母親因酗酒與藥物濫用之後，意識逐漸模糊，自我控制能力降低，可能造成虐待事件。

失業與貧窮

　　一家之主失業或因貧窮，基於貧賤夫妻百事哀，可能就影響家庭生活情緒，進而虐待剛出生的嬰兒。

童年受虐經驗

　　從精神分析論觀點，由於童年不愉快的經驗，容易對下一代產生虐待事件；基於社會學習論觀點，從小有被虐待者，由於觀察與模仿，對自己的下一代也可能如法炮製一番。

如何保護受虐之嬰兒

保護被虐待的嬰兒可以從下列幾點措施著手：

補充性的嬰兒保護服務

即對受虐嬰兒的家庭提供急難救助、實物補助，提供必需品，如奶粉、尿布等，對施虐父母提供各類社會資源、協助低收入家長建立社會支持網，提供就業訓練與輔導等。此類措施可以補充受虐嬰兒家長的親職能力，有助其家庭功能的正常運作，避免因父母的失業、家庭經濟困窘，而導致嬰兒成長所需受到剝削。

支持性的嬰兒保護措施

如對施虐家長實施諮商協談、親職教育服務，對未婚母親或初產婦提供親職與育嬰知識、提供嬰兒保護相關法令、教導托嬰中心人員應付壓力等。經由兒童福利機構提供知識、技巧和精神上之支持，可避免虐待的再發生，並使嬰兒得到較佳的保護與成長。

替代性的嬰兒保護服務

由於父母無法撫養（如去世、重病、入獄等）或因施虐，造成嬰兒受到極大的身心創傷，必須暫時或永遠的與父母隔離，以防止進一步的傷害，如寄養安置、提供緊急安置、提供受虐者庇護所等。

結語

嬰兒保護，人人有責，為了所有嬰兒能有免於被虐待的權力，每位國民不應自掃門前雪，應勇於檢舉所見到的每一件嬰兒被虐待事件（台灣世界展望會二十四小時兒童保護免付費專線電話：080422110），確保嬰兒應有的成長品質。

與同儕間的衝突

　　當幼兒年紀還小時，與手足或同儕之間的衝突現象經常發生，然而，隨著幼兒心智的成長，我們若未給予教化與輔導，則衝突行為可能因被「默許」而持續，甚至於更嚴重，因此，輔導是有必要被介入。

人與人相處，不免在思想、行動上會有相左的時候。大人雖已社會化，能溝通、會忍讓，但仍難免會有口頭、態度甚至是肢體的衝突，何況是小孩。幼兒在家裡喜歡與手足一起遊玩，但又常常發生爭執；幼兒在外也喜歡與同儕一起玩，但也常常發生爭吵，本文擬就原因及輔導方法提出探討。

幼兒衝突的情境

要輔導幼兒的衝突行為，首先需瞭解幼兒的衝突情境，才能對症下藥。一般而言，在幼兒生活中，可能產生衝突的情境可歸為下列幾種：

搶奪食物

幼兒看到自己喜歡吃的食物，就想占為己有，不許別人分食；即後稍長，漸能懂得與手足、同儕分享，亦希望自己能多一點，甚至沒有能力考慮自己是否可以吃完，就怕別人比自己多，紛爭始起。

爭奪玩具

幼兒爭奪玩具的情境有兩種，一為自己的玩具不容他人侵犯，二為公有（如托兒所內的玩具）或他人的玩具也想占為己有。

爭奪愛

嬰幼兒期即有占有慾，當媽媽（或爸爸）抱別人家的小孩（或與別人家小孩有較親近的舉動）時，可能會引起嬰幼兒的不快，衝突於是產生。

肢體的侵犯

幼兒相處，難免有些肢體的侵犯，這種侵犯可能是有意的，也可能是無意的，前者可能出現在攻擊性較強的幼兒身上，只要他的「權益」受損時，常訴諸武力解決；後者常是無意的打到對方、碰撞對方，導致

衝突的產生。

幾種可能的原因

基於上述情境的探討，以下就原因分析：

自我中心

嬰幼兒的自我中心很強，凡事都只考慮到自己，較不會考慮到他人，尤其看到自己喜歡吃的東西、喜歡玩的玩具，最優先考量的就是——自己，因此，當別的同儕欲與「分享」時，衝突就起。

思考力未成熟

基於自我中心的關係，也就涉及幼兒的思考力未成熟。六歲以後的兒童之所以衝突較少，乃由於思考力逐漸發展有關，亦即「同理心」的概念，凡事能站在他人的立場來想——我喜歡吃，別人是否也喜歡吃，有了這樣的概念以後，衝突自然減到最低。

嫉妒行為

人類早在嬰兒期即有嫉妒行為，這也是占有慾的表現，嫉妒行為的產生可以分為兩類，一為對人的占有，通常是自己的媽媽或爸爸，也就是嬰幼兒喜歡的人；二為東西，包括吃的東西或玩的東西，只要自己喜歡，就想占為己有，當別人有自己沒有時，嫉妒行為就產生，如果繼續爭取不到時，衝突行為可能發生。

無心之過

幼兒的粗細動作、平衡、協調能力並不是很好，在雙方的互動過程中，常會不小心打到對方的頭、踢到對方的身體，也可能不小心弄破、弄壞別人的玩具，這種無心之過也常引起衝突，基本上，這種事情會發生，卻不容易避免。

教育未介入

　　嬰幼兒是人生的起點，正是積極學習的時候，有了衝突行為之後，經過教育，可能衝突行為就不再發生。至於沒有經歷過的，由於先前沒有處理的經驗，自然就不會做適當的處理，紛爭因而產生。所謂「不經一事，不長一智」，就是這個道理。

缺乏處理危機的能力

　　當衝突浮出了檯面，有能力的、有經驗的幼兒自然容易化解，但大多數的嬰幼兒常常缺乏處理危機的能力，爭吵、打架通常就是幼兒處理衝突的模式。

以心理學看待衝突

　　幼兒衝突的情境及原因已如前述的分析，以下將繼續提出心理學者對衝突的學理論說。

精神分析學派

　　精神分析學派的始祖佛洛依德提出「人性本惡」說，認為暴力是表達原始慾望的方式，也提出人類天生具有「死亡本能」，表達的方式即是攻擊，由此，我們看到大人的社會，衝突、暴力、攻擊的行為不斷，即使是三、四歲的幼兒也不例外，按照此一理論的說法，幼兒會有這些行為，乃「天生使然」。

生理心理學派

　　此一理論乃說明了人類的行為是受到生理現象的影響，因此，幼兒會有這些衝突行為，可能與腦傷、腦部生化不平衡、內分泌腺等因素有關。

行為學派

　　此一學派認為幼兒的衝突純粹是環境因素使然，例如：食物（糖果、水果、蛋糕……）不夠分配、玩具不夠多、大人分配不公平等因素，也就是說，如果食物夠多、玩具夠多的話，就不必去搶了；如果大人分配得宜，就不會有衝突的事情發生。

認知學派

　　此一學派認為幼兒之所以有較多的紛爭與衝突，乃是思考模式不發達，對處理衝突情境不瞭解，對衝突情境的預防無所悉所致。

　　基於以上學理的說明，我們可以瞭解到幼兒衝突的原因可用上述四個學派的其中一個來解釋，有些學派可能解釋不通，這也就是多種理論可以同時存在的原因，身為父母者，可以在瞭解學理依據之後，更能提出有力的輔導方式。

輔導孩子面對衝突

　　由前面原因的分析及理論的探討，我們不難發現幼兒與手足或同儕的衝突現象，幾乎是必然的現象，也就是說：衝突必然存在這個年紀。然而，隨著幼兒心智的成長，我們若未給予教化與輔導，則衝突行為可能因被「默許」而持續，甚至於更嚴重，因此，輔導是有必要被介入，吾人可以從下列幾個方面著手：

自我中心的處理

　　當幼兒年紀還小時，既然無法考慮到手足或同儕的需求，父母、老師或保育員儘可能的為他們分好食物或玩具，因為他們尚未有「分享」的觀念。而此種觀念在慢慢長大之後，只要給予分析、教育，他們自然能夠理解，衝突將減到最低。

開導和啓發式教育

　　教育的介入固然有所謂的「關鍵期」，然而在關鍵期之前，我們儘可能用他可理解的語言和方式（如扮家家酒、角色扮演等）作開導和啓發，部分的幼兒會提前「開竅」，瞭解如何避免衝突以及知道如何化解衝突。

嫉妒行爲的化解

　　當嬰幼兒因父母照顧別的小孩而引起嫉妒行爲時，父母應適時的化解，化解之道有二：一是儘可能的不在幼兒面前對別的小孩過度熱絡；二是當父母要照顧別的小孩時，也儘可能的把自己的小孩攬在身邊，如此好像對自己的小孩宣示：「我愛他，也愛你」。若是因爲嫉妒或羨慕別人的食物或玩具時，也可以幫他買到或以其他的遊戲來轉移其注意力。

無心之過的處理

　　當幼兒不小心弄痛了其他小孩時，我們教他說「對不起，我不是故意的」，同時也教他去輕撫被他弄痛的小孩，如此也有化解之效。當然，幼兒的照顧者也要教導被弄痛的小孩，應當原諒他人的無心之過，特別是在說「對不起」之後。

以身作則

　　美國心理學家班都拉提出社會學習論，認爲幼兒的衝突行爲是觀察和模仿來的。因此，大人的互動關係應保持和諧，在孩子的面前做個榜樣，也基於這樣的「情境」，用來教化小孩子，例如：媽媽可以告訴小孩子：「我和你爸爸有天天打來打去嗎？」、「有吵來吵去嗎？」──父母的行爲，是小孩子面前的一面鏡子。

11 如何讓孩子喜歡洗澡

　　對大人而言，幫小孩洗澡可能是一種工作，但對小孩而言，洗澡應是一種遊戲。爲了讓孩子喜歡洗澡，大人必須改變「洗澡是工作」的心態，與孩子一起玩水，洗澡是在遊戲過程中完成，孩子自然喜歡洗澡。

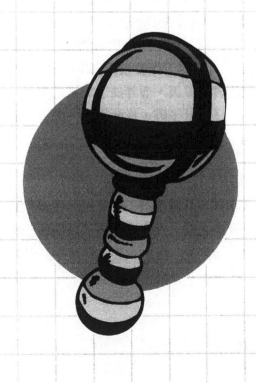

孩子喜歡水，出於天性，因為孩子成天就喜歡遊戲，而水正是最好的遊戲材料之一。事實上，雖然部分小孩不喜歡水，但我們更看到許多小孩子喜歡玩水，遇到洗澡時，甚至賴在小浴缸中不起來，一定要大人三催四請後才不情願的起身，同樣是小孩子，為何有如此大的差別呢？筆者認為要討論如何讓小孩子喜歡洗澡，應先探討何以小孩子不喜歡洗澡。

不喜歡洗澡的原因

小孩子不喜歡洗澡的原因可由下列幾點來探討：

粗魯的大人

小孩子的肌膚非常的細嫩，大人（爸爸、媽媽、保母）在為他洗澡時，常常會因為：(1)不小心用力過猛；(2)認為用力洗會比較乾淨；(3)為了趕快洗好（因為有別的工作要做或怕小孩子著涼）；(4)怕孩子滑倒，緊握住孩子的手臂等原因，而弄痛了嬌嫩的孩子。比較容易弄痛的部位包括：眼睛、鼻子、肚子等，從此以後，因有不愉快的經驗，而拒絕洗澡。

不願意被侵犯

無論是大人或小孩，身體都有不願意被隨便侵犯的心態，尤其許多大人在未徵求孩子同意之前，尚未培養孩子具備願意接受洗澡的情緒之前，即主動的、快速的剝光小孩的衣服，即在孩子的身上動手動腳的，東抹抹、西擦擦，徒增孩子的厭惡感，終於造成不喜歡洗澡的心態。

肥皂水的傷害

每一個小孩子在洗澡的過程中，大都會因大人的疏忽或小孩子亂動，而讓肥皂水或沐浴乳進入孩子的眼睛、耳朵，讓孩子感到不舒服；

有時身體有傷口時，也因肥皂水的侵入造成疼痛，這也是小孩不喜歡洗澡的原因。

生病的時候

當小孩子生病時，身體已經不舒服了，若大人還要強迫他洗澡時，可能會因更不舒服，而造成對洗澡的反感。

不當的暗示

小孩子由於思考能力有限，對於大人的所言所行，常會不加思索的內化到他的認知體系中，這種情形較常發生的是偏食的問題（如大人說：這個不好吃、那個很難吃等，小孩也加以認同了）。在洗澡方面亦同，譬如大人常說：「水太髒」、「不可以玩水」、「水太危險了」等，而讓孩子恐懼水。

水溫的不當

洗澡水溫太冷、太熱，也會造成孩子排斥洗澡。一般都是水溫太熱居多，因為大人都怕孩子著涼，所以水溫會熱一點，尤其在冬天更是，由於大人與小孩皮膚的敏感度不一，對溫覺自然不一樣，也就是大人認為水溫剛好，而小孩卻覺得太燙了。

讓孩子喜歡洗澡的方法

由於以上原因的探討，吾人不難發現，孩子不喜歡洗澡是其來有自，故要改變這種不好的感覺，就要先瞭解孩子不喜歡洗澡的原因是什麼，然後對症下藥，如此才能奏效。以下就提出一些通則，以供參考：

洗澡是一種遊戲

對大人而言，幫小孩洗澡可能是一種工作，但對小孩而言，洗澡應

是一種遊戲，因為孩子「生活即是遊戲」—— 在生活中除了睡覺外，一切行為均以遊戲的形態表現，因此，為了讓孩子喜歡洗澡，大人必須改變「洗澡是工作」的心態，與孩子一起玩水，洗澡是在遊戲的過程中完成，孩子自然喜歡洗澡。

動機及意願

不管大人或小孩，做任何事之前，最好要有動機和意願，任何人都不願被強迫，孩子也不例外，因此，在洗澡之前，應先培養情緒，引起小孩願意洗澡的意願及動機，其方法如下：

1.告訴孩子髒兮兮的人大家都不喜歡，可與孩子共唱兒歌 —— 豬小弟（有錄影帶播放更佳）：

> 豬小弟去找小羊玩遊戲，
> 小羊說你的臉兒髒兮兮。
> 豬小弟去找兔子玩遊戲，
> 兔子說你的身體都是泥。
> 豬小弟哭哭啼啼回家去，
> 媽媽說快來洗澡再出去。

2.編造一些與洗澡有關的故事，讓孩子喜歡洗澡（例如非常熱門的「龍貓」錄影帶，裏面就有「洗澡好舒服」的字句）。

洗澡是一種技術

很多初為人父、人母的爸爸媽媽們，常有一個疑問，即如何為這麼小的孩子洗澡，洗澡絕對是一門技術，尤其是對初生到一、二歲的孩子，稍有疏忽，即弄痛了孩子；稍有疏忽，肥皂水進入了孩子的眼睛，甚至於耳朵、鼻子，讓孩子感到不舒服。因此，如果覺得自己不太會洗澡的大人，最好多觀摩有經驗的人如何為孩子洗澡，然後再以洋娃娃作

練習，當技術更熟練時，相信孩子會更喜歡洗澡。

孩子本位主義

　　要讓孩子喜歡洗澡，大人要時時記住「孩子本位主義」的觀念，除前述的「大人視幫小孩洗澡為工作，小孩視洗澡為遊戲」外，大人要常站在孩子的立場來想，例如：

　　1.大人說水溫不會太燙，那孩子是否也覺得不燙？
　　2.大人說我這樣輕輕地抓住手臂，不會弄痛你，那孩子是否也覺得不痛？
　　3.大人說我幫你洗澡，你要謝謝我，那孩子是否也有這種感覺？

　　總之，一舉一動多站在小孩的立場想想。

玩具

　　洗澡時使用玩具是有必要的，就消極的意義而言，可消除不喜歡洗澡的孩子部分的不愉快，就積極的目的而言，提供所有孩子水中遊戲的樂趣。因此，吾人可選擇適合水中遊戲的玩具，讓孩子每天期待著要洗澡，當然要注意玩具的清潔。

共浴

　　與父母親或哥哥姊姊共浴不愧是一個好的方法，因為小孩子最喜歡模仿他人的行為，因此，若孩子與父母、手足共浴，相信亦會帶來不少樂趣，而不會不喜歡洗澡，當然必須注意浴缸是否清潔，以及共浴的人是否有皮膚病。

鼓勵

　　孩子喜歡被鼓勵，因此，若孩子有意願洗澡，即予鼓勵；若孩子洗澡時，大人不妨多給予鼓勵，相信他會更喜歡洗澡。

參與

　　年幼的孩子當然不會洗澡，但卻喜歡模仿，因此，當大人為其洗澡時，喜歡與大人搶毛巾，大人如不給其毛巾時，只有徒增孩子的反感，因此，如遇此種情形，應多準備一條毛巾給孩子，讓他也實際動手洗澡，並不斷地鼓勵他，相信他會更喜歡洗澡的。

變換

　　每天都以同一種方法，同一個浴盆洗澡，有時也會不耐煩，孩子喜歡富有變化、新鮮的生活。所以如果孩子通常用小浴盆洗澡，偶爾也可以換換不同的大臉盆或大水桶，夏天也可以在庭院中或陽台洗，當然到游泳池或海水浴場泡泡水也是非常愉快的事。

結語

　　小孩子不喜歡洗澡的成因很多，有的是單一原因，有的是多種因素的，父母親遇到這種孩子，應多瞭解原因，千萬不可以強迫方式為之：找到原因後，對症下藥，相信是可以克服的。

12 漫談幼兒虐待與疏忽

　　虐待與疏忽的事件是台灣社會常見的案例，我國傳統「棒下出孝子」、「不打不成器」、「天下無不是的父母」的觀念，深植父母之心，導致此類事件層出不窮，藉由本文的探討，希望喚起為人父母者的注意。

案例一

86年7月25日報載：新竹縣竹東鎮一名三歲男童疑遭虐待，導致腦部重傷，昏迷不醒。送醫時，男童遍體鱗傷、瞳孔放大，經診斷為急性硬腦膜下出血，恐有殘廢之虞。醫生指出，男童前顎牙齦明顯骨折，且全身有多處新舊傷痕，他們懷疑遭到暴力虐待。

案例二

86年7月25日報載：台北縣永和市一名四歲的楊姓女童，深夜帶著三歲的妹妹在街頭遊蕩，經人發現送到警察局，直到清晨五時才由母親領回。她們的媽媽表示：前一晚和友人在家吃燒酒雞，因為不勝酒力睡著了，醒來才驚覺兩個女兒不見了。（摘自《靖娟雙月刊》第22期）

以上兩個虐待與疏忽的事件是發生在台灣社會常見的案例，我國傳統「棒下出孝子」、「不打不成器」、「天下無不是的父母」的觀念，深植父母之心，導致此類事件層出不窮，藉由本文的探討，希望喚起為人父母者的注意。

幼兒被虐待的意義和種類

幼兒被虐待是指父母或對幼兒有照顧責任之人，因加諸之不當行為或疏忽，致使幼兒造成身體或心理有形、無形的傷害。幼兒被虐待的種類說明如下：

身體上的傷害

所謂身體上的傷害即直接或間接加諸幼兒的身體傷害行為，諸如：毆打、燙傷、供其服用鎮定劑等。身體上的傷害可能導致幼兒瘀青、身體部位受傷、骨折、中毒、生病，嚴重的話可能致死。

身心上的疏忽

　　所謂疏忽就是沒有適當地照顧到幼兒的健康、安全及幸福。身體上的疏忽包括未能提供適當的衣服、營養與醫療等；心理上的疏忽包括無法提供適當的教育及讓幼兒獨處在家等。身心上的疏忽可能導致幼兒受傷、生病、智能發展遲緩、缺乏管教、缺乏安全感、退縮、孤僻、被綁架等。

精神上的傷害

　　所謂精神上的傷害係指對幼兒造成心理上的恐懼或污辱，諸如：厲聲叫罵、輕視、嘲笑、恐嚇、不與其講話、不能給予溫暖及愛等。精神上的傷害可能導致幼兒人格發展異常、缺乏安全感、人際關係障礙等。

性虐待

　　所謂性虐待係指對幼兒做出性騷擾或強姦。性虐待包括玩弄生殖器官、手淫、褻玩身體其他部位、強姦以及故意對幼兒暴露性器官等部位。性虐待會對幼兒造成生理及心理上的影響，於生理上可能造成陰部出血、陰部及大腿附近瘀傷及紅腫、處女膜破裂和性病等；於心理上可能造成恐懼、驚慌、不安全感、羞恥、惡夢、憎恨異性等。

施虐者的心理分析

　　幼兒純真無邪，弱小無法獨立，缺乏反抗力，那為何還會有這麼多的父母或其他大人對這麼小的孩子「下手呢？」，以下將對施虐者作心理分析：

精神分析學派觀點

　　此派學說認為施虐者自小可能也是一個被虐待者，目前之施虐行為係受早期生活經驗所影響，如此代代相傳，故有「人性本惡」說。

生理心理學派觀點

此派學說認為施虐者之大腦、中樞神經系統可能有一些病變，導致有暴力傾向；或情緒暴躁，無法控制，而成為一個施虐者。

行為學派觀點

此派學說認為施虐行為係受情境所影響。在此所謂情境實包括兩個涵義：

1. 因幼兒「不乖」、「不聽話」，激怒施虐者，終至被打、被罵。
2. 施虐者從小到大，不斷看到父母、老師打罵小孩，基於社會學習，施虐者也如法炮製。

認知學派

此派學說認為施虐者之所以施虐，是對子女管教態度或方式有錯誤的認知，如前述所提及的：「不打不成器」、「棒下出孝子」等觀念。

被虐待者的特質

什麼樣的幼兒容易被虐待呢？下列所描述的幾個特質可供參考？

不可愛的小孩

這是從外表來看，部分長相不雅，身體不夠健壯的小孩，常被虐待或疏忽。

不預期出生的

有些小孩是父母不預期下出生的，尤其是「奉兒女之命」出生的，較容易讓父母產生焦慮、拒絕和反感的態度，進而產生虐待的行為。

不好帶的

活動量特別大的、情緒本質差的、脾氣不好的、固執的、吵吵鬧鬧的、愛哭的小孩，常常讓照顧者感到厭煩，進而產生虐待行為。

發展不良的

常生病的、發展遲緩的、先天缺陷的小孩，常會造成親子間不良的關係，讓父母對之感到失望，父母親還可能對它產生拒絕或懷恨之意。

如何發現被虐待的幼兒

被虐待之幼兒若能及早發現，及早遏止，並做補救措施，有如亡羊補牢。是故如何早期發現是重要的課題，以下的幾個徵候可供參考：

1. 幼兒突然不喜歡去保母家，顯示可能遭保母責罵、體罰。
2. 幼兒身體骯髒、不重衛生，或衣著過髒不換，或不合氣候。
3. 幼兒破壞性強，攻擊性過高，表現暴力之傾向，可能被虐待而求發洩，或模仿成人之暴力行為。
4. 幼兒身體上有瘀傷及其他傷痕。
5. 可能因被虐待，而表現出退縮、被動或過於順從。
6. 有病而未醫，或不當醫療（如求神問卜），顯示父母對幼兒之疏忽或不重視。
7. 常常表示饑餓或外表看出營養不良之狀況。
8. 常感疲勞、無精打采，顯示父母未能助其按照正常作息生活。

如何保護被虐待之幼兒

保護被虐待的幼兒，從政府到民間，大概可從下列三方面著手：

補充性的保護服務

　　此類服務對象特別指受到疏忽的小孩，幼兒在成長過程中，需要充足、均衡的營養，也需要合適的衣服，對於成長所必須的玩具或讀物更是不可缺少。因此，在消極面我們要提供給低收入戶救助金、實物補助，以及生活各項必需品，在積極面，我們要對這些家庭實施職業訓練即就業輔導，建立社會支持網絡，協助家庭自立自強，不要因經濟因素而疏忽幼兒。

支持性的保護服務

　　此類服務對象特別指的是缺乏教養子女知識與能力的父母、未婚母親、壓力沉重的父母親以及受虐幼兒。服務的內容包括：諮商會談、電話輔導、團體親職教育（演講、座談、錄影帶等）、幼兒保護相關法令、壓力紓解及精神支持，並教導幼兒基本的自我保護知識與能力。

替化性的保護服務

　　此類服務對象是身心受到嚴重傷害的幼兒，必須暫時或永久離開家裡，可由社工員協助找尋寄養家庭或安置在育幼院，接受正常的生活。

附記

　　依據兒童福利法案十八條規定：醫師、護士、社會工作員、臨床心理工作者、教育人員、保育人員、警察、司法人員及其他執行兒童福利業務人員（如保母），知悉幼兒有被虐待即疏忽的情形時，應於二十四小時內向當地主管機關報告。一般民眾可打電話：台灣世界展望會兒童少年保護專線報案：（080-422110）。

13 如何與堅持度高的幼兒相處

　　許多父母常抱怨孩子太固執，殊不知這種固執有可能是自己遺傳給下一代的；當孩子對事物或想法有所堅持時，父母應將理由告訴孩子，孩子將會因爲理解、認知，而放棄原先的堅持。

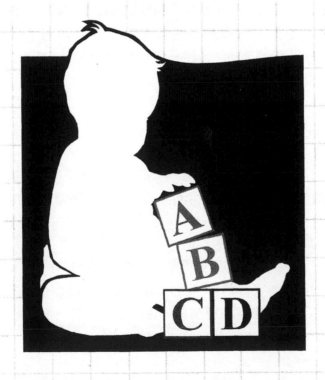

所謂「知己知彼，百戰百勝」，父母要與孩子相處時，當然要先瞭解孩子，再運用正確的方法，不但能相處愉快，更能幫助孩子成長。

堅持度的涵義

對孩子而言，堅持度通常有下列兩種涵義：

1.當孩子想要某物或某事時，不達目的，絕不終止。例如：孩子想要一個玩具的時候，若父母親不買給他，他就會哭鬧不休；或是孩子想要出去玩時，父母親不帶他出去玩，他也會有不滿的情緒出現。
2.當孩子正在做某件事時，若遇到挫折感需改變情境時，仍不願意放棄。例如：孩子在解一個數學題目時，如果不會解答，仍堅持繼續想下去；又如一位在托兒所接受托育的小孩，當下課後，父母要去接回來時，小孩一定要把正在玩的這項活動（如美勞、積木等）結束後才要離開。

堅持度的類別

人有個別差弱，小孩子當然也不例外，從堅持度的觀點，筆者提出下列三種堅持度的類別，以供家長作為瞭解孩子堅持度的依據。

堅持度強

以一個兩歲以內的嬰兒而言，若要幫他斷奶時，他會堅持不吃代替食物（如稀飯、麥片粥），哭到母親「投降」為止；如果想要拿一個玩具而拿不到時，會持續嘗試兩分鐘以上。對於一個兩歲以上的幼兒來說，如果玩一個他喜歡的玩具，可以持續玩十分鐘以上，就算是堅持度強的小孩。

堅持度中等

當一個二歲以內的嬰兒，想要吃某一種食物或想要玩某一種活動而無法達成的時候，經過一分鐘左右的安撫而願意放棄時，可以算是堅持度中等的小孩。對於一個二歲以上的幼兒，當他玩喜歡的玩具時，可以持續玩五分鐘左右，也算是堅持度中等。

堅持度弱

對於一個二歲以內的嬰兒，當他肚子餓想吃奶時，可以在五分鐘以內，以奶嘴或其他食物將他安撫下來；如果他想拿玩具而拿不到時，半分鐘內便會停止嘗試。對於一位托兒所的小孩，當爸爸或媽媽去接他時，他通常可以在二十秒內停止活動，並跟大人回家。

孩子堅持度的特質

為了讓為人父母者更清楚的認識什麼是堅持度，筆者再提出一些常見堅持度的特質，作為下一個單元提出相處之道的準則：

堅持度主要來自遺傳

許多父母常常抱怨孩子太固執，殊不知道這種「固執」很可能是自己遺傳給下一代的。有人說：孩子的固執叫「現世報」，也就是說「父母固執，孩子比父母更固執」。讓父母更感到教養上的困難度，既然是遺傳為主，就不要想用外力去改變它，最好「承認」、「接納」孩子就是這樣的一個人。

堅持度的強弱不是好壞的問題

堅持度強的小孩常讓父母傷透腦筋，認為不好帶；相反的，堅持度弱的小孩，常讓父母覺得小孩子好乖、好聽話。但是這種認定並不合理，因為這種認定是基於父母本位的立場——亦即父母僅考慮自身的利

益──好不好帶，而沒有考慮到小孩子其實是一個獨立、完整的個體。基本上，小孩子的堅持度如何，是他人格特質的一部分，而不是好壞的問題，假如我們能用適合他的方法來教育他，相信彼此之間仍會互動得很愉快。

堅持度高的小孩

其優點是比較具備解決問題的能力，例如他可能經過努力可以拿到他想要的玩具，而別的小孩可能早就放棄了，如此可以滿足他的慾望，免於挫折；他堅持的結果，也可能去了他想去的地方，而達到探索世界的目的。長大以後他更能嘗試排除困難，解決問題；此外，基於對事物的堅持，他的專注力會更好，更能學到所該學的東西，而由於注意力的集中，會學得更好。

在缺點方面，可能會因為對事物的堅持，而浪費時間，亦即花很多時間作不必要的堅持，還是得到失敗的苦果，徒增挫折感。此外，在人際互動方面也有不利的影響，因為自己的堅持，往往得不到父母或保母的歡心，而被認為不是一個可愛的孩子，在手足及同儕互動中，也常因自己的堅持，影響人際交往。

堅持度低的小孩

其優點是讓大人覺得好帶，遇到「吃不到的東西」、「要不到的玩具」、「去不到要去的地方」，大人只要隨便「哄」一下，小孩就可以改變心意，更能得到大人的愛憐，因其配合度高，也因此在手足及同儕中，獲得較多的友誼。相反地，由於小孩堅持度低，他也因之失去許多嘗試的機會，不管是吃的、玩的或其他學習經驗，也會因此而大大的降低，也較少有機會去解決難題，將減少其接受挑戰，獲致成功的可能。

與堅持度高小孩的相處

　　由上面的描述，大致對堅持度強、弱的小孩，有個初步的瞭解，最後再提出一些方法，說明父母應如何與堅持度高的小孩相處。

觀念的改變

　　父母的觀念常是「小孩要聽大人的」、「你固執，我比你更固執，看誰厲害！」、「你要再固執，我就打你！」像這種強權欺負弱勢的觀念最好改一下，也就是父母不可用威權來教養小孩，應該拿出一點「辦法」來。

理性思考

　　小孩子現在堅持要「吃東西」、「玩玩具」、「再看一下電視」、「再玩一會兒」等情況時，父母應該理性思考一下，孩子這樣的要求是否合理？如果合理的話，就應該滿足其需求；如果不合理時，父母再做下面的處理。

父母的權益重於小孩子

　　許多父母常因「趕時間」、「太忙」、「太累」、「對小孩子玩的東西沒興趣」等原因，而欲終止小孩子的活動，這以客觀的立場來看，似乎父母的權益重於小孩，對小孩來講並不公平。

轉移注意力

　　對於孩子所堅持的東西相信他會付出專注力，因此，轉移其注意力或許可終止其堅持，亦即提出更好吃的，更好玩的來吸引他，由於小孩子的注意力較短暫，故不難轉移。例如：小孩子堅持在托兒所玩積木，而不願意回家時，就告訴小孩子說：「媽媽今天聽到一個很好聽的故事，趕快回家講給你聽！」或說：「今天爸爸有一個很好吃的東西要給

你吃喔！」

行為療法

　　行為學派治療法，旨在利用「獎勵」或「負增強」的方式，來去除小孩子的堅持。處罰固然也可以去除小孩子的堅持，但因副作用較大，故不宜實施。所謂獎勵即告訴小孩子，如果願意放棄堅持時，即是「好孩子」、「媽媽喜歡這種孩子」、「可以得到一個玩具」等；所謂負增強即對小孩說：「你不趕快回家，媽媽不喜歡你了！」、「你再吵著要玩具，爸爸不喜歡你了！」

認知療法

　　認知學派療法主要是針對年紀較大的小孩，如中班、大班的小孩，亦即把原因解釋給小孩聽。父母為什麼不讓小孩吃糖果、為什麼現在不買這個玩具，把理由告訴小孩子，小孩子會因為理解、認知，而放棄原先的堅持。

預先告知

　　若父母要終止小孩子的遊戲，而不讓小孩產生反感、抗拒時，宜預先告知，讓小孩的心理有所準備。對於有時間概念的小孩，可以在五分鐘前預告一次，爾後每一分鐘預告一次；對於沒時間概念的小孩，可以用鐘或錶的長針來作指標，告訴小孩子：「當長針從二走到三時，就要收拾玩具了。」如此較能以理性、和平的方式解決孩子的堅持。

14

為嬰幼兒安排
理想的休閒活動

　　為了嬰幼兒身心的健全發展，父母應配合孩子各階段，提供適當的休閒活動；除了可藉由體能活動，來達到鍛鍊身體外，並可達到休閒活動的目的，還能從休閒活動中增進親子之間的關係。

對於出生至三歲的嬰幼兒談休閒活動，可能會引起一些爭議，因為感覺上只有青少年讀書之餘、成人工作之餘，為了紓解身心的壓力，才需要做休閒活動，以便能有體力走更長遠的路。然而，對於○～三歲嬰幼兒而言，既不用讀書，也不用工作，當然就沒有必要做休閒活動。不過，心理學界對人類行為的解釋，常有不同之立論，亦即仍有不少心理、發展學者認為嬰幼兒仍需要做休閒活動。

各家心理學理論

以下分別介紹心理學與發展學對嬰幼兒做休閒活動之理論：

精力過剩說

德國的謝樓爾（Schiller）和英國的斯賓塞（Spencer），提出了「精力過剩說」，他們認為嬰幼兒生活中的重要事項，如食、衣、住、行等，都是由他們的父母親代為照顧，以至於終日無所事事，而精力也就沒有地方和機會發洩，所以健康的嬰幼兒，就需要靠休閒活動來發洩精力。因此，我們常可以看到幼兒喜歡溜滑梯，一遍又一遍，樂此不疲；我們也常會看到幼兒在公園裡相互追逐，自得其樂。

生活準備說

格魯士（Groos）認為嬰幼兒的休閒活動，是為了將來生活作準備，在活動中，孩子可以學到許多生活的本領，這些本領可以奠定他將來長大成人時的生活基礎。例如男孩子總喜歡扮演打仗的角色，即在幼兒期暴露了競爭、保衛的男人本色，因為男性將來要在社會上與人競爭，而且要負起保護家庭的責任；至於女孩子則喜歡穿漂亮的衣服、學媽媽的打扮、玩扮家家酒的遊戲，這些都印證了對未來的生活作準備。

進化複演說

美國的霍爾（Hall）主張嬰幼兒的休閒活動，是重複人類祖先原始的生活，在日常活動中，嬰幼兒所表現的態度和動作，都是有遺傳的，霍爾以為嬰幼兒的活動，無非是複演種族過去的活動，亦即嬰幼兒把人類遠古進化時期的活動，反覆於遊戲之中，例如：人類祖先曾有穴居的生活，所以打從嬰兒會爬開始，就喜歡爬到桌子之下、椅子之下；到了海灘，也喜歡玩掘洞的遊戲。

休養說

雷者入斯（Lazarus）認為嬰幼兒從事休閒活動，可以儲存能量，並消除疲勞。此一理論認為，嬰幼兒在從事學習活動之後，就會感到疲勞，此時若安排一些休閒活動，如聽音樂、看錄影帶、翻滾，或是到戶外散步、到公園跑跑跳跳、到百貨公司逛逛，先前的疲勞自然去除，更有餘力做其他的學習活動。

生長需要說

艾蒲利頓（Appleton）認為休閒活動與身體的構造有關係，嬰幼兒藉助於休閒活動，來舒展自己的筋骨，鍛鍊大小肌肉的發育，此時，父母在家可以鋪上塑膠地毯，讓嬰幼兒隨時翻滾、爬行、跳躍；在公園等活動場所，讓嬰幼兒玩盪鞦韆、溜滑梯、搖動橋、地球儀等，對於粗動作、大肌肉的發育、身體的平衡感、協調動作，均有實質的幫助。

精神分析論

佛洛依德認為，休閒活動可以滿足嬰幼兒本我的慾望，以求取快樂，當某些慾望不能獲得滿足時，便以休閒活動來補償受挫的心理。例如：嬰幼兒得不到一個玩具時，他可能感到失望，而轉向戶外活動活動，如此能消除先前的挫折。

初生到一歲的休閒活動

　　經由上述理論之介紹，不管是那一家之言，均強調嬰幼兒休閒活動的重要性。因此，為了嬰幼兒身心的健全發展，筆者有必要為其安排合適的休閒活動（限於篇幅，本文排除玩具的部分）。

親子遊戲

　　父母親可藉由肢體的接觸、語言，充分地與孩子互動。地點可以選擇在床上、地板（鋪上塑膠地毯）、浴缸（可以親子共浴，此外也可在多餘的浴缸，佈置為小型球池）、陽台、公園，或是運動場所之草坪、海水浴場之沙灘、游泳池（尤其是嬰幼兒專用之小水池）等。

嬰兒體操

　　在適當的場合幫嬰兒做做體操，由出生至滿週歲，陸續進行足部運動、手部運動、伏體運動（俯趴抬頭、胸腹運動）（俯趴抬胸、挺腹）、上起運動（仰趴拉手坐起）、坐立運動（讓嬰兒有支撐坐起，進展到無支撐坐著）、站立運動（先扶著嬰兒身體站立，進展到扶著小手站立，最後讓其獨站著）、倒立運動（先讓其俯趴，然後學狗四腳站立，最後將其腳抬起）。

感覺、知覺活動

　　嬰兒的學習是以感官的活動為主，經驗事物之後產生了知覺。所以原則上就要用看、聽、觸摸，來從事各種休閒活動，家裡的任何東西，均能引起新生嬰兒的興趣，例如：電視、冰箱（打開給他看看裡面的東西）、微波爐、烘碗機、浴室、廚房、臥室、客廳等，都能引起嬰兒看的興趣。能摸的就拉他的小手摸摸看，也可以敲敲看，發出不同的聲音；例如：打開水龍頭讓水流出來，讓嬰兒看、聽水聲，或是拉他的小手、小腳去沖水。

除此之外，庭院、陽台也是嬰兒很好的活動場所，可以種些花、養寵物等。另外，百貨公司也是嬰兒可以「逛」的地方，尤其在人潮少的時候，讓嬰兒看看各種商品，順便介紹各種商品（嬰兒不懂也要介紹）；戶外場所可利用公園、學校、動物園等場所，提供其感覺、知覺活動經驗。

一至二歲的休閒活動

語言活動

嬰幼兒從一歲開始，進入正式學習語言的階段，所以休閒活動的設計，與語言練習可做一結合，如此可說是一舉兩得。例如：繪畫（即塗鴉，讓孩子一邊塗一邊教他講）、參觀各種能吸引幼兒的場所（邊參觀邊教他講）、看書（藉由圖片的內容，引起孩子想說話的動機）等。

步行活動

一歲的幼兒開始學習走路，因此休閒活動可與之結合。例如：逛百貨公司（人少時可以試著讓他下來走路）、找鄰居玩（拉他的小手，走到鄰居家裡玩）、韻律（以音樂來配合律動）、打球（滾球或是丟球、撿球）、捉迷藏（以走路方式玩躲貓貓）。

體能活動

藉著簡單的體能活動來鍛鍊幼兒身體，並達到休閒活動的目的，例如：繪畫（粗動作、大肌肉訓練）、游泳（全身運動的休閒活動，即使不會游，玩水也很好）、玩追逐遊戲；另外，一歲以後的幼兒，慢慢開始學快步走了，可以陪他打球（丟球、接球、追球）、做體操等。

參觀訪問

　　百貨公司、水族館、學校、公園、玩具店、寵物店、飛機場、公共汽車站、火車站、港口、天文館、兒童育樂中心、各種戶外遊樂場、動物園等，都可以利用時間，帶孩子去參觀、遊玩，以增進見聞。

二至三歲的休閒活動

　　除了上述所談的活動之外，對於二至三歲幼兒的休閒活動，為免重複，本段將分為室內活動、庭院（或陽台活動）及戶外活動三部分來說明。

室內活動

　　電視、錄影帶、錄音帶、圖書館、皮球、四輪車、塑膠毯、活動故事板、蠟筆、表演等，這些正當休閒活動的介入，可以協助兩歲多幼兒，完成許多發展上的任務。

庭院（或陽台）活動

　　沙箱、飼養寵物、三輪車、四輪車、各種大小球類活動、鞦韆、滑梯、蹺蹺板、攀登架、繩梯、攀登網、滾桶、小水池旁等，上述的活動或設備，可置於家中陽台或是庭院裡，但需要注意安全措施，以防止大人不注意時，造成嬰幼兒意外傷害。

戶外活動

　　滑梯、搖船、鞦韆、浪船、攀登架、沙堆、游泳池、兒童樂園、動物園、植物園、博物館、郊遊、旅行、露營、百貨公司、超級市場、天文館、登山、慢跑、韻律、體操等，上述之活動，對於幼兒均有實質的幫助，可以讓他們邁入下一個年紀階段做準備。

結語

　　正當、合宜的休閒活動，對成長發育中的嬰幼兒是很重要的，父母配合孩子各階段的發展，給予好的休閒活動，不但鍛鍊孩子的身體，也能增進孩子身心發育。

15

活絡孩子的大腦
——認知學習篇

　　三歲內的幼兒不以感覺，就是以直覺來認知環境周遭的事物，父母可視孩子發展的成熟度給予學習上的刺激，增進孩子的能力。

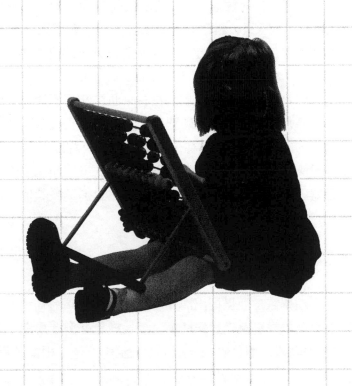

「ㄆㄨ！ㄆㄨ！ㄆㄨ……」

「爸爸！這是什麼聲音。」早上起床，三歲的柏源問爸爸外面為什麼有這種聲音？於是爸爸帶柏源到外面看看，原來是隔壁的叔叔正發動摩托車準備上班。此後，每個早上柏源再聽到這個聲音，柏源就說叔叔要上班了——這是幼兒對摩托車聲音的認知。

爸爸端著熱騰騰的稀飯要餵柏源，柏源搖搖頭說：「燙燙！」不吃熱稀飯，原來在過去被熱湯燙過一次——這是幼兒對「危險」的認知。

坐完月子後，屬職業婦女的張翠華就找好保母，上班前將嬰兒帶到保母家，不捨的向孩子說「再見」，此時嬰兒不會有「異議」。七、八個月時，媽媽也如法炮製，嬰兒由於分離焦慮的發展開始有哭鬧的情形，所以此時媽媽最好不要向孩子說再見，先讓保母抱嬰兒，媽媽仍然在場，然後把嬰兒視力、注意力引到媽媽的反方向，媽媽再「偷偷地逃離現場」，當嬰兒再回頭，雖然看不到媽媽，也不會哭鬧，和平落幕，這是因為此期嬰兒的認知概念是「看不見即表示東西不存在」，所以不會哭。

然而，好景不常，到了十個月左右，此法又行不通了，嬰兒回過頭來見不到媽媽會哭了，因為此時嬰兒的認知概念已發展到「物體永遠存在的概念」，亦即媽媽永遠存在，不會消失。有經驗的保母常會對媽媽說：「你趕快去上班，我哄一哄就不哭了。」果然如此。但名心理學家艾力克遜認為這種強行分離，日後會使嬰兒對媽媽或其他人造成不信任感，嚴重的戕害嬰兒的人格發展。

人類認知的發展

瑞士心理學家皮亞傑提出認知發展論，將人類認知發展分為四個階段，從出生至二歲屬感覺動作期，二至七歲是準備運思期，七至十二歲（相當於小學階段）屬具體操作期，十一至十五歲（相當於青少年階段）

屬形式操作期。前兩階段是本文所要探討的範圍。

感覺動作期

顧名思義，此期嬰兒是以感覺來認識周遭的事物，感覺（視覺、聽覺、嗅覺、味覺、觸覺、痛覺）訊息通常由外界傳到嬰兒身上，故此期幼兒的學習著重外在刺激，由於思考不發達，故較少透過內心的思考活動學習事物。感覺動作期的學習內容如下：

視覺

認識媽媽的臉、爸爸的臉、保母的臉；認識玩具，出外回來認識自己家門……認識外界的事物。

聽覺

由聽聲音認識某人（例如：媽媽在隔壁房間講話，嬰兒雖沒看到本人，亦會哭著要媽媽抱），將玩具與玩具所發出的聲音建立連結關係，將動物與動物所發出的聲音建立連結關係，亦即慢慢學會「汪汪」是狗發出的聲音，「ㄇㄧㄠ～ㄇㄧㄠ～」是貓發出的聲音。

味覺

食物的味道，透過舌頭上味蕾的認知，學習到那些食物是可以接受的，那些食物是不接受的，如吃炸馬鈴薯片，但不吃「辣味蝦味仙」。

嗅覺

吃母乳的嬰兒亦可在晚上昏暗的室內透過嗅覺尋找到媽媽的乳房；大便時會說「臭臭」。

觸覺

藉助於手部的探索，學習到那些東西是熱的、冷的、硬的、軟的。心理學家哈羅曾以小猴子為實驗對象，小猴子寧願抱溫暖的絨布娃娃，而捨去冰冷的機器人。

痛覺

因不乖弄痛了身體而學到收斂自己的行為；因護士打針而認為護士

是「壞人」。

操作前期

　　幼兒的學習活動除繼續發揮感覺能力外，由於思想的萌芽，幼兒漸漸表現其思考活動，但對事物的看法常有「直覺」反應，故又稱為「直覺期」，直覺期的思考特徵如下：

自我中心

　　幼兒思考以自我為主，不考慮他人，例如：在炎熱的夏天，媽媽帶三歲的小華上街，小華吵著口渴，媽媽買了一杯果汁，小華一口氣喝完了，不會考慮媽媽是否也口渴。

直接推理

　　幼兒思考只停留在表面直覺的思考活動，不會考慮到深層的意義。例如：爸爸問三歲的柏源，車子在十字路口遇到紅燈時要怎樣呢？柏源回答：「要停住呀！」於是爸爸又問柏源：飛機在天上飛，如果遇到紅燈時要怎樣呢？柏源很得意的說：「當然也要停住呀！」

缺乏逆向思考能力

　　幼兒思考活動只能做直覺正向思考，無法反向思考，例如：問三歲的小英，你有沒有哥哥，她回答：「有」；再問小英：「你哥哥有沒有妹妹？」答曰：「沒有」。

符號功能

　　此期的幼兒語言（語言是一種符號）正逐漸進步，幼兒能用語言表達一些事物，大人對幼兒說話，幼兒也漸能理解，故語言是此期幼兒學習活動的重要工具，大人應常和幼兒說話。此外，幼兒漸漸能用圖片、錄影帶、相片來學習，這也是符號的一種，在此之前較傾向於用實物、模型（即具體物）來學習，故此時大人可多利用這些「影像」工具來教幼兒，例如：對一歲半的幼兒教「老虎」時，要實際帶他去動物園看老虎，他才會理解，但對三歲的幼兒，只要提供老虎的圖片或錄影帶、電

視畫面給幼兒看，幼兒即可完成學習活動。

刺激學習的方法

由上述理論之探討，認知學習實務可由下列幾項著手：

視覺刺激

從出生以後，在嬰兒清醒時，提供多方面的視覺刺激，父母親、保母可近距離看他（最佳視覺距離約二十至三十公分），扮鬼臉逗他，搖籃上可以掛些顏色鮮豔的玩具，與嬰兒接觸的人可穿些亮麗的衣服，家中掛些顏色鮮豔的圖畫，提供漂亮的圖片或書籍；此外，可帶嬰兒到戶外、百貨公司等處，讓三歲以內的嬰幼兒增長閱歷。

聽覺刺激

從出生開始，在嬰兒清醒時即提供各種好聽的聲音（刺耳的、噪音均應避免）給嬰兒，例如：大人和他說話、音樂鈴、錄音帶等；此外，也可以帶嬰兒到戶外、公園聽各種不同的聲音。

觸覺刺激

出生以後，手讓他握些各種不同材質的東西，爸爸媽媽的手指也可以讓他握，偶爾臉也可以貼著嬰兒的臉。嬰兒慢慢長大後，可提供各種玩具讓他操弄。會爬、會走的嬰幼兒喜歡到處東摸摸、西摸摸，大人應注意安全，不要禁止。

大家都是老師

父母、保母在帶幼兒時，要隨時當他的老師，舉凡家中任何東西都可以教，例如：桌子、椅子、牛奶、茶杯、水、筆、電視、黃色、紅色、報紙、書……，此外，常帶嬰幼兒到外面看看，也不斷地告訴他，這是花、樹木、汽車、飛機、房子等，總之，教得越多，嬰幼兒就越有知識，認知能力越好。

萬物皆教材

凡是具體的、生活化的、實用的、富教育意義的，都是活生生的教

材，大人在瞭解嬰幼兒的發展狀況、理解能力、興趣後，家中、戶外之萬物，都是嬰幼兒要學習的。

說故事

兩歲以後的幼兒，語言能力漸強，能說也漸能理解，大人可常和幼兒說故事，因為故事有其趣味性，從故事的內容做較高層次的認知學習，如坐火車去玩、紅色的花、山貓過生日、白雪公主、灰姑娘……。

開卷有益

書本也是認知學習的材料，從人類第一本書——布做的書，到一般的書，其中有許許多多嬰幼兒該懂的知識，均可在此獲得，同時也可養成幼兒愛書的習慣。

千變爹地
──如何扮演好父親的角色

　　過去在父權社會中父親之地位高如一家之「王」，但是今已進入兩性平權的時代，過去的那一套顯然已不適用，父親的角色須有所調整，始能符合現代社會的需求。

在父權社會中，父親只要「主外」賺錢養家，即已完成任務；回家以後，就會有人遞毛巾，有人遞報紙，好好休息一下；至於管教兒女這種雕蟲小技則是女人的事，有時小孩太吵，還可以扮演「監督者」的角色——罵一罵太太，沒有把孩子管好；或是扮演「嚴父」的角色——打一打孩子，讓他們收斂下來。然而，時序已進入兩性平權的社會，過去的那一套顯然已不適用於現代社會，父親的角色須有所調整，始能符合現代社會的需求。

瞭解孩子的發展任務

就「孩子本位」主義的觀點，吾人在談父親的角色時，宜先瞭解孩子在發展上要達成那些發展目標（任務），而非主觀地讓父親說：我愛怎樣就怎樣，如此並不符合孩子的發展需要。心理學者海威赫斯特（Havighurst）提出「發展任務論」，認為學齡前幼兒的發展任務有下列九點：

1.學習走路。
2.學習食用固體食物。
3.學習說話。
4.學習控制排泄機能。
5.學習認識性別與有關性別的行為和禮節。
6.完成生理機能的穩定。
7.形成對社會及身體的簡單概念。
8.學習自己與父母、兄弟姊妹以及其他人之間的情緒關係。
9.學習判斷是非，並發展良知。

上述九項，可以說是一位學齡前幼兒最基本要達成的任務，包括：生理、心理、社會與道德等層面，提供父母履行角色任務的一個依據。

如何扮演好父親的角色

以下探討父親的角色，分直接角色與間接角色來說明，前者係指直接面對子女的角色行為；後者係指父親的職業發展、做人處事，但與子女有間接關係者。於下分別說明之：

直接角色

經濟需求提供滿足者

養家活口是父親的責任，父親要滿足子女的經濟需求不只是讓子女吃得飽、穿得暖就夠了，要培養更優秀的下一代，還要提供子女更多的經濟支持，像是用於購買維他命丸、玩具、幼兒讀物、錄音帶、錄影帶；同時還要利用時間帶孩子到國內外旅遊，以增廣見聞；到了三、四歲以後，還要有經濟能力讓子女上托兒所或幼稚園，以拓展其知識及社交層面。

心理需求提供滿足者

心理學家馬斯洛提出「需求層次論」，認為人的心理需求不外乎安全感、被愛、歸屬感、被尊重及自我實現，幼兒也不例外。因此，父親宜盡力護衛子女，和其建立安全之依附關係，讓子女覺得有安全感；在心理上、行動上要表現出愛子女的態度與行為，讓子女覺得有被愛的感覺，因為感受被愛，將來更能去愛人；製造家庭和樂氣氛，讓子女天天享受天倫之樂，進而對家有歸屬感；鼓勵子女發表意見，多多採取子女可行的建議，讓其有被尊重的感覺；就子女能力範圍內，鼓勵其建構積木模型、玩沙、拼圖、攀爬、唱歌、韻律、樂器與畫圖等，並鼓勵其達到自我實現之目標。

社會需求提供滿足者

前已述及，滿足社會需求及發展社會技巧，亦是此期幼兒的發展任務之一。因此，父親的角色除了是「爸爸」以外，也應是孩子的玩伴、

朋友、兄弟姊妹，甚至於透過扮家家酒的角色扮演中，更可以是孩子的「孩子」，如此不但可以增加遊戲的樂趣，也有瞭解及教育的功能；亦即孩子當「爸爸」時，他會不自覺地將潛意識中對爸爸的愛、不滿或其他正負向觀感表露出來，讓父親有所瞭解，加以溝通與治療。

教育需求提供滿足者

孩子從出生開始就需要接受教育，爲了滿足孩子的需求，父親還要扮演老師的角色。自小至大，從無知到有知，不管是認知、社會化、肌肉動作訓練與人格培養等等，均有賴這位家庭老師來教導，以滿足子女接受教育的需求。此外，若孩子需要接受的教育而家中無法滿足時（如幼兒園教育、音樂教育、游泳訓練、美勞教育、語言教育等），父親亦要爲孩子找到適當的學習場所。

間接角色

心理學家班都拉提出社會學習論，認爲子女可以從觀察及模仿來學習各種行爲；佛洛依德的精神分析論也提及幼兒在戀父及戀母情結之後，男孩會認同爸爸；女孩雖認同媽媽，但父女天天生活在一起，亦會學習部分的行爲特質，亦即「身教」的重要性。因此，在此所謂的間接角色，就必須做到下列數點：

好丈夫的角色

好丈夫的角色除了保持夫妻間的親密關係外，亦要分擔部分的家事，前者可讓子女感受到在愛的家庭生活，後者讓子女學習爸爸在現代家庭中所應扮演的角色，如此耳濡目染之下，有利於子女將來建立美滿婚姻生活，這是絕對有關係的。

好鄰居、好朋友的角色

父親能敦親睦鄰、守望相助，亦能有一些好朋友、好同事，彼此互動良好，子女看在眼裡必加以學習，內化到自己的腦海，如此必有利於其社會化發展。

良好的職業生活

職業本無貴賤，父親在職業上能全力以赴，不管任何行業，行行出狀元，定能成為子女的楷模，發展正確的工作價值觀念，有付出才有收穫，天下沒有不勞而獲的。

孝順父母、兄友弟恭

父親的角色還要孝順自己的父母親，對兄姊恭敬、愛護弟妹；如此孩子也看在眼裡必加以學習，這是身教的重要性。反之，若父親不孝順、手足常吵鬧，亦是給孩子一個不好的示範。

避免有不良習性

少部分的父親在子女面前表現出一些不良習性，例如：抽菸、酗酒、打牌、講髒話、生活作息不正常，甚至於有外遇等，亦會給孩子不良的感受，如因而被學習了，那真是「禍及子女」，代代相傳。

虛心的學習者

生兒育女是父親的角色任務之一，生殖作用千年不變，生物法則代代相傳；但教導子女的方式卻隨時代的變遷而改變，同時對人的「素質」要求越來越高的今天，沒有人天生就可以當好父親的，當父親的要學習一些營養學、教育學、兒童發展、兒童保育、衛生保健、遊戲與玩具等簡單概念始為稱職。因此，建議父親平時多看一些育兒方面的雜誌、期刊、書籍與剪報資料；一些親職講座、座談會、研討會等應多多參與；此外，社會資源中，有些親職教育諮詢服務（電話、書信、面談等）機構，亦可多加利用，厚植育兒知識與技能，必能成為一個稱職的好爸爸。

如何瞭解寶寶的個性特質

　　「眼睛像你、鼻子像我；脾氣像你，個性像我……」這是每個為人父母者對小生命的期待，但您可知，每個孩子的人格形成都有其因果關係，父母若能針對其個性特質「因材施教」，孩子將能發揮其最大的潛能。

人格乃是個人在對己、對人、對事物等各方面適應時，於其行為上所顯示的獨特個性，這說明人格的涵義相當廣泛，舉凡嬰幼兒的一舉一動，均包含在人格的範疇裡。

每個人的人格都有它的一些特性，列舉如下：

獨特性

世界上沒有任何兩個人的人格特質是一樣的，兄弟姊妹是如此，雙胞胎亦是如此。因此，在教養嬰幼兒時，不可因兄弟姊妹甚至雙生子，為了一視同仁、表示公平，而用同一種教養方式，買衣服、買玩具亦相同的買兩份，這並不是正確的做法，而應考慮其獨特的需求，給予個別的滿足才是。

統整性

表示嬰幼兒的個性是表裡一致的，例如一個活動量大的小孩，除非生病，否則在室內室外，家裡或出外作客，都會動個不停。

持久性

表示嬰幼兒的個性，在不同的時期也大都是一致的，今天跟昨天的個性是一致的，今天跟明天的個性也是一致的，在一個短時間內（如一週、一月、一年），如無外力的刺激（如重病、被嚴重虐待、家庭變故等），則其個性的變化不大。

人格特質如何形成

人格特質的形成，通常不外乎遺傳及環境兩方面，分述如下：

遺傳

由父精母卵內染色體的基因司其職，最具體的遺傳表現就是人類的

膚色、血型、身高等，人格特質自當不例外，心理學家研究人格與遺傳的關係，常由智力的遺傳得到證實。此外，家族性的精神病、智能不足，與遺傳的關係亦大，證據十足。

環境

亦即嬰幼兒的成長環境，在此筆者更要提及母胎內環境的影響，亦即母親懷孕時，在身心兩方面的進展都不錯時，有利於小生命良好人格的形成；反之，若在孕期，母親營養不良、情緒不穩、內分泌不平衡、服用不當藥物、抽菸、酗酒等，均會對嬰兒人格造成或多或少的傷害。出生之後的生活環境，對嬰幼兒的影響亦大，諸如家庭、社區自然及人文環境、父母教養方式及態度、手足關係等，均足以影響嬰幼兒人格發展。

心理學家的人格理論

心理學家對人格的形成作何解釋呢？本文將以最強調「早期經驗」——即童年時代的精神分析學派來做說明：

「佛洛依德」學派

佛洛依德認為人的人格在六歲以前即形成，其學說認為：人格的形成在嬰幼兒期分為三個階段：

口腔期

初生到週歲的嬰兒，以口腔一帶的活動為主，嬰兒從吸吮、吞嚥、咀嚼等口腔活動，獲得快感。若嬰兒口腔的活動得不到滿足時，將來會發展成悲觀、依賴、被動、退縮、仇恨等性格。

肛門期

從一歲到三歲左右的幼兒，對肛門內糞便的存留與排泄，均感到愉快與滿足。若是父母對幼兒大小便訓練過於嚴格，容易導致幼兒形成冷

酷、無情、頑固、吝嗇、暴躁等性格。

性器期

　　約三至六歲的幼兒，性器官變為獲取快感的中心，幼兒常有自慰的行為。此時在行為上最顯著的現象是：一方面以父母中之異性者為愛戀的對象（即戀父情結或戀母情結），另一方面開始模仿同性別的父母親之行為模式。

「艾力克遜」學派

　　艾力克遜提出心理社會學說，將人生分為八個時期，在嬰幼兒期也細分為下列三個時期：

嬰兒期

　　此期相當於兒童出生後的第一年，稱「信任對不信任期」。嬰兒如能獲得身心需要的滿足，得到成人的關愛與安全感，則會發展信任感，否則會走向另一極端發展為不信任感。

幼兒期

　　此期相當於生命中的第二、三年，稱「自主對羞愧疑惑期」。幼兒在此期已具有行走、攀爬、推拉等動作能力，這些動作有助於幼兒建立自信，使其願意自己來從事每一件事情。若成人不給予表現其能力的機會，則會有懷疑自己的能力與羞愧無能的感覺。

遊戲期

　　相當於幼兒四到五歲，稱「自發對內疚期」。此期幼兒會自動自發的玩各種活動，如騎腳踏車、溜滑梯等，如幼兒有機會自主活動，就會養成自發的特質，否則會發展內疚感。

瞭解嬰幼兒的人格特質

　　瞭解嬰幼兒人格特質的方法有很多，在專業上有縱貫研究法、橫斷研究法、個案研究法等等，一般父母親較沒有受過專業訓練，故要瞭解

自己孩子的人格特質，可以到大醫院兒童心智科由精神科醫生、臨床心理師或學校輔導老師觀察、鑑定，會有較正確、客觀的結果。此外，本文擬介紹幾個簡單的方法，供父母親瞭解嬰幼兒的參考：

觀察法

利用居家生活中，以旁觀者的角色，看孩子遊戲活動的情形，可以瞭解孩子下列之特質：活動或文靜、內向或外向、注意力集中或分散、怕不怕陌生人、反應（哭、笑……）是否強烈等。

比較法

將欲瞭解的孩子，與家中其他小孩的特質做比較，如家中無其他小孩，則可與左鄰右舍或親戚朋友的孩子做比較，如此可進一步知道孩子的個性。

訪問法

就所欲瞭解的孩子之特質，去訪問認識孩子的相關人士，例如：保母、爺爺奶奶、托兒所或幼稚園老師，或其他帶過小孩的人。

討論法

利用親友聚會之際做個案討論，亦即由親友中的每一個人逐一發表對孩子的觀感，再由其他人提出認同或反對意見，最後達成共識，如此可更客觀的瞭解幼兒。

實驗法

例如用嚴格或民主的不同教育方法介入，看看幼兒反應如何？也可佈置若干情境，如幼兒睡覺醒來大人不在時（假裝躲起來），觀察其反應如何？桌上擺糖果，觀察幼兒會不會「偷」吃？吃了會不會告訴大人？

回憶法

從現象開始，回憶幼兒從出生到現在的種種發展過程，可進一步的瞭解其個性。

以上幾種方法僅供參考，父母瞭解幼兒最重要的態度就是客觀，不要主觀認為孩子總是自己的最好，徵詢他人看法時，也拜託對方不要隱惡揚善，如此才能得到正確的結果。

輔導嬰幼兒的人格發展

根據先前所提出人格形成的影響因素，以及人格理論的說法，作為父母親者要輔導嬰幼兒人格良好的發展，可從下面幾點著手：

提供良好的生活經驗

尤其在嬰兒期要給予口慾（吸吮）的滿足及心理需求（擁抱、關愛等）的滿足，大小便訓練不可過分嚴格，以免衍生不良性格。

培養獨立的性格

在強調親子互動、親子感情培養之際，也不要忘記讓幼兒有獨自遊戲、睡覺及生活自理能力訓練的機會，以培養其獨立性格。

建立自信心

面對嬰幼兒好的、正向的行為不斷地給予鼓勵，日常生活對嬰幼兒講些正向的話，例如：「你好可愛喔！」、「好棒喔！」、「好乖喔！」等；不要講些負面的話，例如：「你好笨喔！」、「你好討厭喔！」等。

適當的管教態度

權威及放任的教育方式均不適合嬰幼兒，民主式的教育表現出對孩

子的尊重，滿足孩子身心上的需求，孩子較能表現出自動自發、樂觀、合作、自信的人格特質。

提供良好的示範

父母及其他家中成人要提供良好的人格示範，如溫文有禮、誠實、仁慈、善良等，如此幼兒可善加學習，而不會有爭吵、生氣、欺騙、殘暴等不良人格特質。

提供美育之薰陶

日常生活中，多安排音樂、美術、勞作、表演等藝術活動給幼兒參與，以提高幼兒優美的情操。

讓幼兒多接觸大自然、大社會

幼兒多接觸大自然、大社會可以陶冶性情，增進閱歷，有助於人格成長。

18

以玩具開發潛能
——福祿貝爾恩物教學法

　　二十種神恩賜給兒童的玩具，讓您的寶寶在恩物遊戲中學習成長。

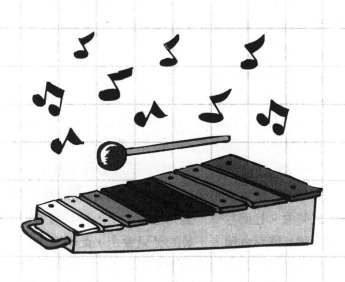

福祿貝爾（Froebel, 1782-1852）是德國人，誕生九個月後，母親過世，四歲時父親續絃，受到後母冷酷的待遇，面對自己孤苦、被虐待的童年，從佛洛依德精神分析論的觀點（受早期生活經驗的影響），再加上補償心理作用，是否因而使其在日後全心投入幼兒工作，照顧幼兒，成為「幼教之父」，則有待考證。

福祿貝爾對幼兒的教育，強調遊戲與教具併用，故經多年研究，發展出恩物（Gifts）二十種，恩物原意為「神恩賜給兒童的玩具」，從第一恩物到第十恩物又稱為遊戲恩物，第十一恩物到第二十恩物又稱為作業恩物，前者有寓學習於遊戲之意，後者有寓學習於工作之謂。於本文中擬介紹「福祿貝爾恩物對三歲前嬰幼兒教育上的應用」。

第1恩物──六色球

材料：毛線用鉤針鉤成球狀，其內塞以棉花或海綿。

顏色：紅、橙、黃、綠、藍、紫。

規格：直徑六公分的球。

種類：(1)有帶子：帶長四十公分，對折成二十公分。

(2)無帶子。

教法：六色球自出生時就可開始使用，主要是掛在搖籃上，當嬰兒醒來時，可以作為視覺刺激物，便可將搖籃晃動，球也跟著動，嬰兒的眼球也會動。二、三個月大的嬰兒，手掌可握著毛線球，故毛線球可以提供觸覺上之刺激。七個月時，嬰兒已能坐了，可以將無帶子的毛線球讓他把玩。八個月嬰兒會爬，一歲的嬰兒會走，此時大人可用有帶子的毛線球在他面前晃動，誘導他爬、走的動機，也可以將球放在地板上滾動，他亦會爬或走著去撿，如此對粗動作、大肌肉訓練均有幫助。此後幼兒漸長，大人可依幼兒身心發展，以六色球教他：對顏色的認知、對數目的認知（一至六、扮家家酒、模仿遊戲，如把六色球當作六種不同的水果）等。

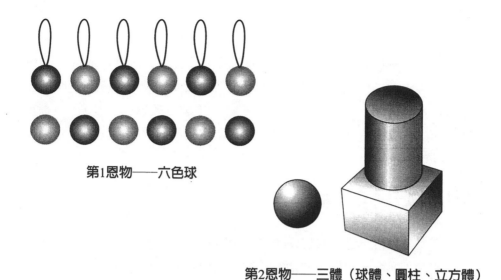

第1恩物——六色球

第2恩物——三體（球體、圓柱、立方體）

第2恩物——三體（球體、圓柱體、立方體）

　　材料及規格：(1)球體：直徑六公分、木製、有一小鉤子（可吊起來）。

　　　　　　　　(2)圓柱體：上下圓面直徑六公分、高六公分、木製、有三小鉤子。

　　　　　　　　(3)立方體：邊長六公分、木製、有三小鉤子。

　　教法：如圖所示，對剛出生的嬰兒，可將三體吊起來，讓嬰兒觀察物體不同的形狀；當三體不停的旋轉，然後手放開，三體即隨原來旋轉的反方向旋轉，由於轉速快，故會出現有別於原來形狀的圖案出來，足以引起嬰兒的好奇心。此後，嬰兒會爬、會走時，亦可將球或圓柱體滾動，誘發嬰兒追逐動機，促進粗動作及手眼協調能力之發展。隨著幼兒的成長，可以教導幼兒對球體、圓柱體、立方體的認知；並可認識動態與靜態的不同，此外，亦可做許許多多的模仿遊戲及其他創意遊戲。

第3恩物——立方體

　　材料及規格：邊長六公分的立方體切成八塊小立方體，木製。

　　教法：適合一歲以上的幼兒，可視幼兒接受的狀況作下列之瞭解。認識部分（拆開）和全體（組合）的關係、數目教學（一至八）、創意輔導（以八塊積木擺出各種不同之圖案及建築不同之房屋、船、飛機、塔、月台……）。

第4恩物——立方體

　　材料及規格：邊長六公分的立方體切成八塊小長方體，木製。

　　教法：適合一歲以上的幼兒，可視幼兒接受的程度作下列之學習：認識部分和全體的關係（並與第三恩物作比較，讓幼兒更有彈性）、數目教學（一至八）、創意輔導（同第三恩物，對於二歲以上的幼兒可合併第三恩物一起建築各種東西，使遊戲更多樣化、複雜化）。

第3恩物——立方體

第4恩物——立方體

第5恩物──立方體

材料及規格：邊長九公分的立方體切成二十一塊小立方體、六塊大三角柱、十二塊小三角柱，木製。

教法：適合二歲以上的幼兒玩，由於本組恩物大大小小共有三十九塊，除繼續延伸第三、四恩物之教法外，更可訓練精細動作、從木箱取出及收回的組織能力訓練，由於木頭本身很「抽象」，不似具體的小汽車、洋娃娃，故需大人好好引導，否則不易引起幼兒之興趣。解決之道有二，一為大人加強教學技術，二為可能幼兒身心發展程度尚無法接受此種抽象玩具，可延至三歲以上再玩，這並非「發展遲緩」，而是正常現象。

第6恩物──立方體

材料及規格：邊長九公分的立方體，切成十八塊長方體、十二塊柱台、六塊長柱，木製。

教法：第六恩物共有三十六塊，對三歲以下的幼兒算是相當複雜，父母親在教導幼兒時，可按幼兒接受的程度作調整，其教學內容至少可包括：形狀的認識、數目的認識、加法的應用、建築創造、圖形設計、模仿遊戲，並可與第四、五恩物作比較，在遊戲過程中，有些幼兒可以學得很好，有些幼兒雖無法如你所願，但只要願意玩、喜歡玩，會有所謂的潛在學習（即將所學的內化到思考體系，只是尚未表現出，總有一天會表現出來的）。

第7恩物──面

材料：在幾何學上的面是抽象的，亦即有正方形或三角形的邊，但無厚度，故幼兒無法理解，因此，本恩物可用厚紙板、塑膠板代替，顏

色與第一恩物同（紅、橙、黃、綠、藍、紫），下列五個圖形可分別採用一種顏色，但每一圖形只限用一種顏色。

　　規格：正方形（邊長三公分）、直角等腰三角形（等邊長三公分）、正三角形（邊長三公分）、直角不等邊三角形（最長邊六公分、最短邊三公分）、鈍角等腰三角形（二短邊各三公分），以上五種形狀塊數不拘，但為遊戲之需要，每一形狀不要低於十塊。

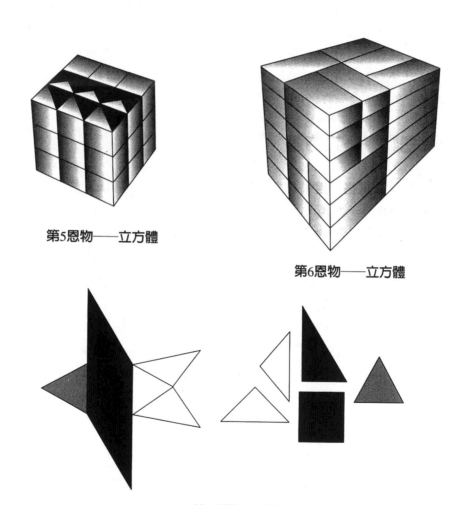

第5恩物──立方體

第6恩物──立方體

第7恩物──面

教法：二歲以上幼兒適用，可使其認識五種面的名稱、對應關係之認識（將五種形狀與家中之物品對照，如正方形與方桌對應、正方形與方形磁磚對應……）、變魔術（兩個正方形變一個長方形、第六恩物有長方形可比較一下……）、排花樣（用單一圖形數個排各種花樣、用數種圖形排花樣）、顏色對應（複習顏色名稱、與家中各種物品、衣服、書報雜誌之顏色對應）。本恩物如果二至三歲（實歲）的幼兒沒興趣時，可延至三歲以後再實施。

第8恩物──線

材料：在幾何學上的線是抽象的，幼兒無法理解。本恩物用細竹子（或免洗筷子）代替，亦有用塑膠棒代替。

規格：三公分、六公分、九公分、十二公分、十五公分各十枝以上。

教法：二歲以上幼兒適用，但需大人在旁注意安全，不要傷到眼睛。幼兒可比較長短之差異、瞭解倍數關係（六公分長之線為兩個三公分之線的總和、三公分之線五根排成一直線和十五公分的線比較一下）、用線擺飛機、房子等、用線擺各種花樣、用線排順序（由短而長、由長而短）。

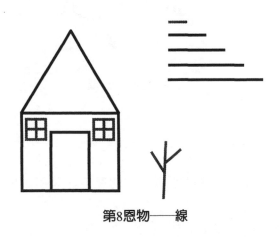

第8恩物──線

第9恩物──環

　　材料：金屬（白鐵）或塑膠。

　　規格：直徑六公分、四點五公分、三公分之全環、半環（六種規格各十個以上）。

　　教法：認識圓及半圓、認識圓及半圓的關係（兩個半圓可拼成一個圓）、和第一恩物的毛線球、第二恩物的球體比較一下、和屋內圓形的東西（如碗的上緣或錢幣等）比較一下、排各種物體或花樣（創造力訓練），二歲以上適用。

第9恩物──環

第10恩物──點

　　材料：幾何學上之點是抽象的，幼兒無法理解，故本恩物可用豆

嬰幼兒的教育

子、小石頭、塑膠來代替，顏色需相同，並注意不要讓幼兒吞食，數目應超過一百粒。

　　教法：點可排成線（與第八恩物比較）、點可排成環（與第九恩物比較）、可排房子、飛機、人、汽車等，可排各種圖案，精細動作訓練。本恩物二歲半以後「試用」看看，如無法適應，可於三歲後再試。

第10恩物──點

19 積木對三歲以下幼兒的啟發

　　積木是小朋友最好的玩伴，不但可以引發其興趣，還能刺激身心發展。那到底父母要如何選擇積木？以及各年齡幼兒可從事的積木遊戲有那些呢？

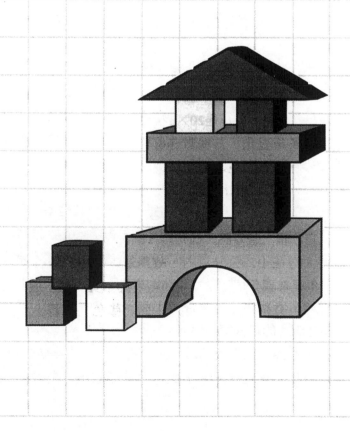

無論是有錢或沒錢人家的孩子；無論是城市或鄉村的孩子；無論是男孩或女孩：每一個兒童在成長過程中都玩過積木，為什麼積木受歡迎的程度是如此之高呢？因為它好玩，所以孩子愛玩；因為它普及性高，可以是貴的，也可以是便宜的，即使不花錢，廢物利用，也同樣可以找到；因為它沒有場地的限制，到處都可以玩。然而，積木有何種類？積木到底在幼兒成長過程中，能提供那些助益呢？以下分別說明：

積木的種類

　　積木種類很多，不勝枚舉，以下依材質之不同作分類，分別介紹：

木質積木

　　以木頭為主要材質製成的積木，依體積大小可分為二類：

空心大積木

　　其形狀有立方體、長方體、圓柱體、正方形板、長方形板、小木棍，其規格以立方來說，可以是20×20×20公分、15×15×15公分，依此類推，可以有多重變化，其件數亦可自由發揮，並不需作規格之限制，其顏色亦可有多種顏色之變化，此類積木由於體積過大，較佔地方，家庭較少購買，但一般幼稚園、托兒所大多有此項設備。

小積木

　　其形狀有立方體、長方體、三角錐、圓體與其他不同形狀，各形狀之單邊或直徑大約在十二公分以內，故重量輕。由於體積小、存放方便，玩的場所也很普遍化，故商業場所販賣的木質小積木最多，家庭也樂於購買。其顏色有兩種，一為原來木頭之顏色，二為上了紅、橙、黃、綠、藍等五顏六色，非常漂亮，也吸引幼兒，惟不宜用油漆作顏料，以免讓油漆中的鉛傷害幼兒。

　　除以上兩類外，筆者認為最好的木質積木是「無結構積木」。這是筆者兄弟小時候所玩的積木，家嚴、家慈體認積木對幼兒成長的重要

性，但經濟能力又不許可（四十年前），故特前往木材行向老闆要一些丟在地上不要的小木頭，撿回來給我們兄弟玩，在此所謂「無結構」就表示從地上撿來的木頭幾乎沒有兩塊形狀是一樣的，這種積木更能啟發智能與創意。

塑膠積木

塑膠積木的狀況和前述的小積木相同，只是材質不同而已，塑膠積木的優點在於價錢便宜、顏色鮮豔漂亮，廣受父母與幼兒歡迎。基於合成材料之不同，有些塑膠積木質硬，有些則質軟（如寶麗龍積木）。

廢物利用積木

由於台灣經濟的起飛，大多數的家庭都買得起積木，反而忽略了比購買的積木更好的廢物利用積木，所謂廢物利用積木就是收集家裡不同的香皂盒、牙膏盒、化妝品盒、鋁箔包飲料盒等大大小小的盒子給幼兒玩，這種積木的優點是不需花錢，取之容易（幾乎天天都可以收集到），且結構性低──形狀、顏色變化多端。

戶外積木

鄉下的幼兒在戶外玩耍時，常取磚塊、石頭、鋁罐、木頭、塑膠筒等當積木，雖沒有亮麗的顏色，沒有良好的場所，但他們就地取材，處處可玩，創意十足，其教育價值並不比購買的玩具差。

積木對幼兒發展的影響

積木是幼兒「最好的玩具」之一，到底積木對幼兒成長有何助益呢？以下分別說明之。

粗動作、大肌肉的發展

　　三歲前的幼兒正是發展粗動作、大肌肉的關鍵期，一至三歲的幼兒，可藉由對大積木的搬運、堆排、拆除、重建，達到訓練粗動作或大肌肉的目的，將有助於身體健康。

細動作、小肌肉的發展

　　二至三歲的幼兒細動作、小肌肉到了發展的準備狀態，可以看幼兒的接受度及能力，慢慢給予他小積木，藉由對小積木的抓、握、擺，達到訓練細動作、小肌肉的目的。

認知發展

　　心理學家皮亞傑認為二歲以前的幼兒屬於感覺動作期，此時幼兒靠視覺、聽覺、觸覺來瞭解這個世界，積木的使用亦可促進認知範圍，如積木的顏色、積木互敲的聲音、以積木敲不同物品的聲音、以手握積木的感覺。二歲半以後更可利用積木的形狀教幼兒正方形、長方形、三角形、圓形等等。

創造力的培養

　　創造力發展的關鍵期乃在幼兒，而積木可以是發展創造力的最重要玩具之一，透過各種積木的堆、擺，再適時地給予鼓勵，幼兒會是一個最佳設計師、建築師、造型師。

智能的提昇

　　一個人的智能發展，除了來自先天的遺傳外，就要靠後天的刺激，幼兒玩積木，亦可滿足這方面的需求，例如空間關係的能力，可藉由積木的操作來提昇，積木可擺出一座橋（線）；也可以蓋房子（三度空間）；也可以做數字運算，如加法、減法；推理能力，如兩種正方體可以擺出一個長方形體。

情緒的陶冶

幼兒生活即遊戲，藉由玩積木，可以讓心情愉悅，幼兒也喜歡玩
——每天過著愉快的生活，有助於優美情操的培養。

親子關係的培養

幼兒喜歡玩積木，如果父母親能常常陪幼兒玩積木，自然有助於親
子關係的培養，尤其三歲以下的幼兒，基於動作發展不是很純熟、思考
能力不是很發達、對於同齡玩伴還不是很感興趣之時，父母親的介入是
必要的。

各階段的積木遊戲

三歲以下的幼兒，身心正快速成長，如果沒有正確的輔導，是無法
達成上述的目的，至於如何提供幼兒玩積木呢？以下依不同年齡說明
之：

出生至六個月

剛出生的嬰兒需要視覺刺激，可以買些顏色鮮豔的積木讓幼兒看。
父母親抱嬰兒時，可以拿漂亮的積木在嬰兒面前晃動，也可以將積木綁
在搖籃上、吊在搖籃上，讓積木動一動，是不錯的視覺刺激；嬰兒也需
要聽覺刺激，可以用積木互敲或用積木敲別的物品，發出不同的聲音，
是不錯的聽覺刺激；嬰兒也需要觸覺刺激，可以拿漂亮的小積木讓嬰兒
握著，尤其質軟的積木讓嬰兒握起來會有舒適的感覺。

六個月至一歲

此時嬰兒已經慢慢的會坐、會爬，到了後期會站了，可以將積木放
在嬰兒前面，成爲爬的誘因。嬰兒看到喜歡的積木，自然會往前爬、往
右爬、往左爬、往後爬，到了十個月以後，也可以將漂亮的積木放在沙

發上、矮櫃上，吸引嬰兒站起來。此時嬰兒握的能力已發展得不錯了，和嬰兒玩積木時，可在他面前擺些小積木，讓嬰兒把玩，嬰兒會拿起、放下、換手、換不同積木。

一至二歲

此時幼兒已開始學走路了，在一公尺前、二公尺前擺積木，誘發他走路的動機，他會走得越來越好；大積木對此時的幼兒也很合適，他可以雙手抱著大積木走步，也可以兩個積木擺一起或堆高，樂此不疲。

二至三歲

此時幼兒走路沒問題了，動作技能更快速發展，大小積木均合適讓他把玩。擺房子、擺車子、擺公路、擺各種他想像中的東西，更可以和其他玩具如洋娃娃、小汽車、飛機等一起玩，可作多元、複雜、趣味的各種玩法；也可以玩數數遊戲（一塊、二塊……），也可以玩組合遊戲（正方形加正方形變成長方形）等，總之，積木對嬰幼兒是好處無窮的。

三千寵愛集一身！？
——獨生子女的教養問題

　　獨生子女雖得天獨厚，但基於全人教育的觀點，獨生子女也有其劣勢；如何讓獨生子女享用其資源，而補救其劣勢，是父母們應努力的課題。

工業化的結果，家庭結構產生改變，由大家庭變小家庭、重質不重量的觀念，造成家庭中兒女的「減產」；當然，職業婦女追求自我實現，亦爲一個重要的因素。以我國目前每個家庭的平均子女數不到兩人的情況下，相信育有獨生子女的家庭不在少數，獨生子女的教養有什麼特質呢？到底有何優劣勢呢？應該注意那些問題？這是本文所要探討的內容。

獨生子女的優勢

　　無可諱言的，獨生子女的優勢就是占盡了家庭中硬體與軟體的資源，對其成長，顯然有相當的助益，以下分別說明之。

擁有較大的生活空間

　　家庭內的生活面積是固定的，當然家庭人口數越少，個人的生活空間愈大，在一般三房兩廳的隔局中，很自然的擁有個人房，可以培養其獨立性，爲其佈置適合他的嬰（幼）兒房；家中如還有其他空間，甚至還可擁有遊戲室，有利其人格發展。反之，家中有兩、三個小孩時，個人所擁有的生活空間相對減少。

獨享家庭資源

　　每一個家庭，或多或少會給孩子買一些玩具或其他物品，在獨生子女的家庭中，顯然的，他可以享有所有資源；父母對孩子的「投資」也都集中在一人身上，可以享有較多、較好的物質生活環境。反之，在有較多的孩子的家庭，家中的有限資源，僅能共享。

擁有較好的親情及呵護

　　獨生子女在家庭中，可以說是集寵愛在一身。獨得父母的親情，對親子關係的發展是有利的，基於得到愛才能付出愛的發展原理，將來亦

較可能付出愛。此外，由於孩子才一個，在孩子遊戲時，父母親比較可以專心的、一對一（甚至二對一）的照顧小孩，小孩可以得到較多的呵護，意外事件的發生率自然減少。反觀兩、三個孩子的家庭，親情共享，可能出現嫉妒行為，甚或手足相爭，而父母親的保護也較分散，易產生照顧不周，或意外事件的發生。

擁有較好的教育

獨生子女擁有較好的教育，其理由至少有二：(1)既然是獨生子女，父母對其期待自然較高，故會付出較多的心力；(2)家庭只有一個小孩，基於精神集中、體力集中、財力集中，如此能享有較好品質的教育。

獨生子女的劣勢

獨生子女在教養中雖有其優勢，但無可諱言的，也有其劣勢，以下分別說明。

社會行為發展上的困擾

人是群性的動物，不能離群索居，社會行為的發展，亦始於嬰幼兒期，除了父母的親情外，手足之間的感情是相當重要的，而此對獨生子女而言，應有所欠缺，因其平時只能跟父母互動，父母忙時可能只有自己玩了。反觀子女較多的家庭，手足之間的互動頻繁，對社會行為、社會技巧的發展自然有助益，彼此雖不免有爭吵，也因此能夠學得忍讓、寬容，是人類社會生活基本的方式之一；此外，在與手足相處中，年紀大的可以學習領導能力，年紀小的可以學習被領導的風度。

容易產生不良的人格特質

許多研究都證實獨生子女的不良人格特質，以下列舉幾種供參考：(1)可能因父母期望過高而產生更大的壓力，造成挫折感與反抗個性；

(2)可能因父母過分溺愛，而產生驕縱、放任的個性；(3)可能因寵愛在一身，而造成無法與人分享愛、物質資源的自私個性；(4)可能因過度被保護而有如溫室中的花朵，在未來缺少競爭能力；(5)可能因被照顧太多，而產生依賴，缺少獨立性。

學習機會及內容的劣勢

幼兒在遊戲中學習，若獨生子女則只能自己玩、自己學，不但缺少變化也缺少興趣；若家中有兩、三個小孩，則互相引起學習動機，互相激發遊戲內容，相信更有趣、更有變化，所謂「獨樂樂不如眾樂樂」，對大人是如此，對幼兒而言更是如此。

角色行為的學習有所欠缺

獨生子女沒有兄姊，也沒有弟妹，在家庭中只能扮演為人子女的角色，在人類社會角色中，顯然有所欠缺；反觀家庭子女人數一多，則可學習更多的角色行為，例如：如何當好哥哥？如何當好姊姊？弟妹的角色又應該如何扮演？如屬中間排行者，則角色行為更多，有利將來人際關係的發展。

獨生子女教養上應注意事項

由以上的探討，吾人可知獨生子女在教導上及發展上有其優勢與劣勢，在教養上的注意原則自然是截長補短，提出以下幾點建議：

規劃滿足嬰幼兒需要的生活空間

利用家庭人口數少的優勢，給嬰幼兒規劃一個屬於他的生活空間，如溫馨的嬰幼兒房，適合他的寢具、家具及玩具。有多餘的空間再設計一個遊戲室，至少也有遊戲區，如此能滿足嬰幼兒的成長需要。

重視互動上的品質

　　既然是父母兩個人照顧一個小孩，易有較好的互動品質。除了家庭中三人的互動關係外，可採一對一的照顧方式，另一位父親（或母親）可休息或做其他事情；與子女相處時儘量專心，不要做其他家務事，因為父母與子女相處，是親情的給予，也是一個教育者的角色，教導他一些知識或技能。

重視教育上的投資

　　不管是人力、物力、財力，都應儘量的投資，雖無「養兒防老」的觀念，但「生之養之教之」，基於職責，必須如此；人之生命很短暫，但子女則是吾人生命的延續，代代相傳，永無止息。

擴展交誼空間

　　為補救獨生子女無兄弟姊妹的關係，及手足之情的社會性發展，父母宜常帶獨生子女拜訪有年紀相仿的家庭，如親戚、朋友、同事和鄰居，讓其有接觸同儕的機會，發展社會性；當然，找機會邀請有子女的家庭到家中作客，亦是良方。

注意教育上及心態上的弱點

　　在獨生子女的成長過程中，不要對其有不當的期望與壓力；不可因只有一個孩子而過分溺愛，應以平常心待之；不可過度保護，以免養成依賴、驕縱、自私的個性。

精進專業教養知能

　　養兒育女絕對是一門專業，並不是人人天生都會，盼望普天下的父母（尤其是獨生子女的父母），均能持謹慎的態度，多方面的攝取養兒育女的專業知能。讓教育的功能發揮到極限，讓不良教育以及父母在教

育上的無知，減到最少，讓獨生子女得到最好、最適合他的教育。

　　總之，在有限的教育資源下（包括精神的和物質的），獨生子女雖得天獨厚，但基於全人教育的觀點，獨生子女確有其劣勢，如何讓獨生子女享用其資源，而補救其劣勢，實爲父母親應去努力克服的課題。

21

如何回答孩子的為什麼

　　在幼兒的心中，「十萬個為什麼」的解答不在書本，而在父母的口中。可別以為他什麼都不懂就隨口回答，小心！這無心的玩笑可能會造成孩子一輩子的影響。

三歲多的小華問媽媽：「媽媽！我是怎麼生出來的？」媽媽不經意地回答說：「從石頭縫迸出來的！」此時幼兒感到莫大的哀傷，更覺得與媽媽的距離拉開了，因為自己不是媽媽生的……。

　　四歲的明明問媽媽：「媽媽！我是誰生的？」媽媽笑著說：「你是媽媽從山上撿回來的。」頓時幼兒陷入思考，原來他的老家在山上，迷惑萬分，思考數天還得不到答案，終於又開口了：「媽媽！你帶我上山找我以前的家好嗎？」……。

　　這兩個實際案例，都起因於大人的「開玩笑」，但說者無意，聽者有心，都對幼兒造成或多或少的傷害，這是因為幼兒知識有限，思考能力不發達所致，同時也告訴我們不可胡亂回答小孩子的問題。

各種學理的描述

　　皮亞傑把幼兒語言分成兩種特徵：一為自我中心語言，即幼兒自己與自己相互交往的語言；二為社會性語言，即幼兒自己與別人相互交往的語言。而後者的語言特徵之一則為「質問」，亦即當幼兒逐漸社會化時，所說的社會化語言中，常常會對周圍的人發問，而所問的問題可說是無奇不有。

　　斯登（Stern）提出語言發展的分期，在其第四期（兩歲半到三歲半）為好問期，因為此期幼兒喜歡發問。在幼兒的問句中，最先應用的是「為什麼？」或帶有「為什麼」的句子，而且會一直「為什麼？」的問下去，例如：

媽媽說：「他好可憐，沒錢吃飯。」

孩子問：「為什麼他沒錢吃飯？」

媽媽說：「因為他很窮。」

孩子問：「為什麼他很窮？」

媽媽說：「因為他找不到工作。」

孩子問：「為什麼他找不到工作？」

……

總之，大約三到五歲的幼兒，常常會這樣沒完沒了地問下去，這是「好問期」的正常現象。

回答問題的重要性

回答幼兒的問題至少具有下列三個重要性：

增進幼兒的知識

幼兒之所以問「為什麼？」，是表示對事物的迷惑，若吾人能夠給予回答，幼兒也因而豁然開朗，表示幼兒學到了「知識」，當幼兒問得越多，獲得的解答越多，他的知識就越豐富了。因此，回答幼兒問題，可增進幼兒的知識。

增強幼兒的語言能力

語言的學習不外乎「多聽、多講」，當幼兒發問問題、重述他人答案時，就是多講的層面，而當幼兒聆聽他人解答問題時，就是多聽的層面，親子間藉由多聽、多講，無形當中，語言能力就增強了。

增進親子關係

當子女有需求時，父母能滿足其需求，彼此的關係就增進了。因此，當幼兒發出「為什麼」的訊息時，父母親給予滿意的答覆，子女必會感謝父母親、崇拜父母親、認同父母親，而父母親也因而得到滿足感，親子關係就會維繫得更密切。

如何回答幼兒的為什麼

既然回答問題是如此重要，那麼身為父母者就應該好好的回答幼兒

的問題，回答問題的時候宜注意下列幾點：

利用幼兒能聽懂的字彙和詞彙

　　一般而言，幼兒所能夠懂得字彙和詞彙與年齡成正比，亦即隨著年齡的增加，字彙及詞彙越多。因此，吾人在回答幼兒的問題時，得依其所能懂的字彙和詞彙作講解，如此更能解答其迷惑的問題。

善用副語言

　　幼兒因年紀小，所能瞭解的字彙或詞彙並不多，在找不到合適的語言對他解釋時，不妨多利用副語言，例如手勢、文字（或圖片）、音調（如公雞叫聲、火車嗚嗚聲）等其他肢體語言，如此相信幼兒更能瞭解其意。

耐心

　　這聽起來很簡單，但並不容易辦到，尤其當成人情緒不佳或正在忙的時候，聽到幼兒問些「無聊」的問題，更讓人火冒三丈，但此時成人需按捺住性子，以免幼兒受到傷害，且無法滿足其求知慾，更會破壞好不容易建立的親子關係。因此，耐心是有必要的，成人需不厭其煩、慢慢地解答幼兒的問題。

暫緩說出答案

　　雖然幼兒有疑惑時就是要得到答案，但如果一再的給答案，會妨害幼兒思考問題的機會，因此成人在接收到問題時，可以考量一下幼兒的能力，如果認為幼兒可能有能力回答時，不妨提出反問，例如：「你認為呢？」、「你再想想看！」或提出一些暗示，協助幼兒找到答案，一方面訓練幼兒的思考能力，另一方面幼兒在贏得挑戰之後，會更勇於接受挑戰。

找資料

　　有時候，幼兒會問一些問題，例如：「老虎是吃肉長大還是吃草長大的？」、「火車有幾個輪子？」、「以前的人穿什麼衣服？」、「蕃薯是長在樹上還是地下？」……等等，類似這些問題，我們可以馬上回答，也可以讓其思考，但最好的方法就是陪他一起去找資料，到動物園、火車站、圖書館等可能可以找到答案的地方，與幼兒一起來找答案，相信孩子會覺得更有趣、更能記得牢。

注意幼兒的知識領域

　　回答幼兒的「為什麼」，到底要回答到什麼程度，是一個不容易判斷的問題，而把握的原則，則是注意幼兒的知識領域，所謂知識領域就是「幼兒能懂到什麼程度」，以幼兒常問的問題「我到底是怎麼來的？」為例，可以依不同年齡作如下的回答：

1. 爸爸和媽媽結婚以後，就生下了你。（二至三歲）
2. 結婚以後就會生孩子。（二至三歲）
3. 你是從媽媽的肚子生出來的。（如果是剖腹生產還可以讓孩子看看傷口）（三至五歲）
4. 就像小狗一樣呀！從牠媽媽的這個地方（顯示母狗給幼兒看，作機會教育）生出來的。（四至六歲）
5. 你是從媽媽下面一個洞生出來的。（五至六歲）

良好的語言示範

　　回答孩子的問題時，語音要正確，語句要完整，要讓幼兒有學習語言的機會，促進其語言發展，常見的錯誤示範如：

1. 嬰兒樣語：穿鞋鞋、吃飯飯、吃糖糖等。
2. 構音異常：吃飯唸成「出換」、老師唸成「老輪」。

不可欺騙或錯誤

　　欺騙或說錯都可能造成幼兒觀念的錯誤，同時如果讓幼兒知道「欺騙」時，更會造成幼兒對成人的不信任感，這都是父母應該注意的，如果無法回答幼兒的問題時，可以誠實的告訴幼兒，答應幼兒去找答案，等找到後再作回答。

22

瞭解孩子的唯我世界

　　「我的玩具」、「我的糖糖」……也許您會發現您家的寶寶時常會把「我」、「我的」之類的語詞掛在嘴邊，其實三歲以前的嬰幼兒大都以自我為中心，鮮少注意旁人的看法，這就是寶寶的「唯我世界」。

嬰兒自呱呱墜地後，即為有生命的獨立個體，此時由於社會化有限，教育的介入不多，故嬰兒時時處在「我」的主觀意識中，若想與嬰幼兒（三歲以前）相處，甚而教育嬰幼兒，實不能不瞭解他們的「唯我世界」。

學理上的依據

奧國精神分析學家佛洛依德提出「人格結構」說，認為人格結構包括「本我、自我、超我」三部分，初生嬰兒之人格構成成分，只含有本我，本我乃個人與生俱來的一種人格原始基礎，本我只包括一些本能性衝動，係受唯樂原則的支配，其行為動機純粹在追求生物性需要的滿足與避免痛苦。

根據本我的內涵，表現在嬰幼兒期的唯我世界可具體的說明如下：

1.本我是與生俱來的，不經任何學習過程。
2.生物性的需要，主要是吃奶、排泄等，藉此可得到快樂。
3.避免痛苦，例如：肚子餓了就哭、身體有病痛就哭、尿布濕了就哭等，其目的乃在尋求痛苦的驅除。

瑞士心理學家皮亞傑認為：人類語言可分為「自我中心語言與社會化語言」兩種，而幼兒期在語言發展上正處於自我中心語言階段，此期幼兒往往為了自己想說而說，不管有無聽眾，也不必注意對方是否注意傾聽，自我中心的語言在用詞上，以第一人稱「我」或「我的」等代名詞最多。

根據自我中心語言的內涵，表現在語言形式上可具體的說明如下：

1.自言自語：不管有無聽眾，均可說話。
2.集體的自言自語：在團體中彼此交談時，誰也不注意對方的談話內容。

3.以「我」爲主的語言表達方式：例如：對媽媽說：「這是我的爸
　爸給我的玩具」、「我的汽車」、「我不要吃飯」。

　　瑞士心理學家皮亞傑述及兒童道德發展時指出，四歲以後是他律階
段，亦即幼兒的行爲準則是由別人來約束自己，依此，四歲以前是「無
律階段」，亦即沒有人或法律可以約束他，此期的嬰幼兒自我中心非常
強烈，大都生活在唯我世界中，更具體的說，此時期的特質如下：

1.大人對他的約束，如「你不可以……」、「你不能……」等，效
　果不彰，尤其在二歲以前更甚，二歲半以後由於已慢慢地社會化
　及接受教化，才慢慢的聽從約束。
2.有些父母會很得意的說，我的孩子「要他怎樣就怎樣」、「不要
　他怎樣，就不敢怎樣」等語，表示管教得宜，但通常這種小孩是
　在先前訓練階段受過暴力或威脅的制裁才能表現如此「聽話」，
　這種教育方式，在人格發展上有負面的作用，例如：沒有愉快的
　童年、活在暴力的陰影下、退縮、壓抑等等。

　　許信雄教授翻譯自國外的一本書指出，幼兒的自我中心可分爲四
類，分別說明如下：

1.生理的自我中心：生理的自我中心與佛洛依德的本我觀念很類
　似，亦即生物性自我中心，嬰幼兒肚子餓了就哭著要吃奶，甚至
　於牛奶泡得慢一點（或燙一點待涼），嬰兒都會憤怒的嚎哭。此
　外，嬰幼兒累了就要睡覺，不管是在車上或在外面，這都是生理
　上自我中心的表現。
2.智慧的自我中心：皮亞傑認爲幼兒無法分辨事物的外觀和實質，
　在思考上與大人並不一樣，例如：在八個月大的嬰兒面前，我們
　把他的玩具藏起來，他就認爲這個玩具不存在了；我們給三歲的
　幼兒看兩個相同大小的黏土球，然後把其中一個壓扁，再問幼兒
　是黏土球大？還是扁扁的黏土大？此時幼兒常回答後者較大，這

是幼兒在智慧發展上未具「物質保留」概念，完全以自我主觀意識作答。

3.語言的自我中心（前已述及，在此不再描述）。

4.社會的自我中心：幼兒由於具備社會的自我中心性，故凡事只考慮到自己，不會替別人設身處地的著想，亦即在與人相處時，較具主觀性，少具客觀性，例如：我的玩具是我的，你的玩具我也要玩。幼兒此種中心的存在，常會讓大人覺得幼兒不講理、蠻橫、不聽話、不懂事等；而與其他幼兒一起玩時，也常因自我中心強，而產生紛爭。

柏登和紐賀從社會參與的觀點，將兒童遊戲分為六項，其中在幼兒期，包含了「獨自遊戲期」和「平行遊戲期」，這兩期也是唯我中心的象徵，說明如下：

1.所謂獨自遊戲表示幼兒在做遊戲活動時，均以自我為中心，既無意與其他幼兒共同玩耍，也不想接納其他友伴，此期幼兒往往一面遊戲，一面自言自語，自得其樂的活動著。

2.所謂平行遊戲是幼兒雖然在群體中與其他幼兒一起玩，但大都各玩各的，彼此少有溝通或互動。

關於唯我世界

綜合以上學理的依據，吾人大致可歸納出幾個幼兒唯我世界的觀點：

1.在人格特質方面，嬰幼兒大都追求自己的「快樂」，尤其是在生理方面的滿足，而避免痛苦，如果有的話，一定盡力排除之（通常以嚎哭來尋求援助）。而在追求快樂與避免痛苦的過程中，即使需要犧牲他人的權益（如半夜因餓不停哭泣，影響他人之睡

眠），也不會在乎。

2. 在語言表現方面，常以「我」或「我的」來表示其看法或想法，此種情形下常是「自言自語」，較少顧及別人互動性或友誼性的語言，也因為語言的唯我中心，常會把人、事、物都認為是他的，例如：對他的哥哥說「我的爸爸」，在全家出遊時，可能對其姊姊說「我的媽媽要帶我去玩」，玩別人的玩具時，最後就變成「我的玩具」了。

3. 在行為管教上，因為正屬「無律階段」，所以常屬於「不聽話」、「無法聽進去」、「我行我素」的狀態，此時要求他好好坐下來吃飯，但通常不到三十秒又站起來跑掉了；睡覺時要他好好躺下來，可是不到三十秒又翻來覆去，甚至站起來。

4. 在認知、智慧發展方面，此期幼兒常以直覺來瞭解世界，往往只知其一不知其二，這是因為其知識有限，思考單純，推理能力不足所造成的結果，亦即此期嬰幼兒所瞭解的事物，其想法、看法常與大人不同。

5. 在社會及遊戲行為發展方面，沒有強烈的意願與人一起玩（依戀對象除外），常常獨自玩耍，即使有別的小朋友也沒有意願與之玩在一起，是一個「眾樂樂不如獨樂樂」的時期。

如何與唯我世界的孩子相處

人的發展雖是連續不斷，但巨觀而言，也有其階段性，故對孩子的教育不能一成不變，至於如何正確的與唯我世界的孩子相處呢？以下提供幾點意見供為參考：

1. 承認嬰幼兒是一個不講理（或無理取鬧）的個體，在不危害到安全時，適度的讓他做想做的事，滿足他的需求。

2. 認同幼兒的語言表達方式，並真正瞭解語言的含義。

3.認清無律階段幼兒的行為特質，適度的讓他為所欲為，不刻意的給其太大壓力，以免造成不良後果。

4.瞭解幼兒的思考型態，對事物的認知可能與大人不一樣，在教育幼兒之前，應先瞭解幼兒在認知上的發展，並以此種方式來教育他。

5.在保護之下，讓幼兒有獨處的時候，也有獨自遊戲的機會，因為此期嬰幼兒的友伴需求並不重要，並承認此時幼兒與友伴的爭執並不是「壞」，而是「自我中心」的作祟，以及沒有處理紛爭的能力。

6.唯我中心只是人生的一個過程或階段，最終的目的是要讓幼兒慢慢社會化及培養客觀性，以便獨立於這個世界，故照顧者應注意隨著孩子的成長，他的可塑性很大，慢慢地引導他走出唯我世界，進入大家的世界。

23

養兒育女從氣質的瞭解開始

　　相信每個為人父母者，一定深感教育比養育子女要難得很多，因此如何尊重小孩的個別差異進而因材施教，並以愛幫助他成長，這應該是很值得關注的課題。

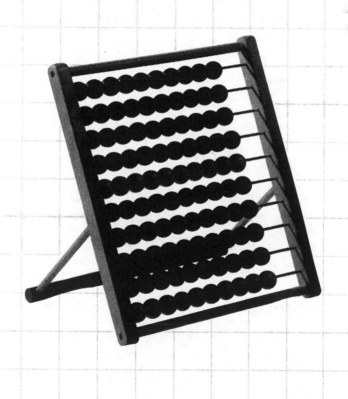

夫妻間的相處，貴在相互瞭解個性；朋友間的相處，若能互相瞭解、體諒，友誼也才能長久維持；至於嬰兒與父母的相處，是否也必須要相互瞭解彼此的個性呢？答案是肯定的，不過由於嬰兒心理發展尚未完全成熟，較容易以自我爲中心，更談不上去瞭解父母，因此只能有勞父母去瞭解嬰兒了，而瞭解嬰兒的方法有很多，本文要從「嬰兒氣質」方面談起。

何謂嬰兒氣質？

　　所謂嬰兒氣質即嬰兒的情緒本質，這是嬰兒許多「個性」中的一部分，它包括了嬰兒面對內外在刺激時所表現的敏感度、速度與強度。內在刺激方面，例如：肚子餓、口渴；外在刺激方面，例如：大人替他剪指甲；敏感度和速度則是指是否能很快的反應，強度是指反應的強弱，如哭聲的大（強）小（弱）。

嬰兒氣質的種類

　　依心理學家的分類，嬰兒氣質可分爲以下九種：

活動量

　　指嬰兒全天的活動量大或小、多或少，有的嬰兒動個不停，不管是躺著或抱著，即使餵奶、洗澡時也不斷地動來動去；但也有些嬰兒則文靜多了，活動量很小，看起來頗斯文。

規律性

　　規律性好的嬰兒，表現在吃奶、大便、睡眠等都有很準的生理時鐘；但有些嬰兒則表現得很散漫，生活秩序並不規律。

趨避性

趨避性強的嬰兒在陌生人面前感到害羞，不願嘗試新的玩具或食物；反之，趨避性弱的嬰兒則可接受陌生人的逗玩或擁抱。

適應度

指嬰兒在接觸陌生的人、新的環境、新的玩具時，能表現出處之泰然的態度，繼續地與人互動、融入環境、把玩新玩具。反之，適應度差的嬰兒，對於境中人、事、物的改變，會顯得無法適應，例如：換個時間洗澡即無法接受。

反應閾

指嬰兒對感覺（如嗅覺、溫覺等）外界環境事物及社會接觸（如叫他名字），引起可識別反應所需要的量，例如：當媽媽的外表或服飾有明顯的改變時（換新髮型或新衣服），嬰兒會注意看，表示反應閾低（亦即一點點刺激就能引起反應）。

反應強度

指嬰兒面對內在或外在的刺激時，反應很激烈或微弱，如肚子餓的時候，哭得很大聲，表示反應強度激烈，若只低聲哭泣，則表示反應強度弱。

情緒本質

情緒本質好的嬰兒常會咕咕笑，看起來好可愛，反之則常悶悶不樂。例如：在為他換尿布或換衣服時，嬰兒會發出愉快的聲音或愉悅的表情。

注意力分散度

指嬰兒在從事某一項活動時（如吃奶、洗澡、穿衣），是否容易受

其他刺激所影響，表現出停止原有之活動，或轉換到新刺激的活動。例如：當有人從身邊走過時，會停止原來的活動而注意觀看，表示注意力分散度大。

堅持度

堅持度強的嬰兒較能持續某一項活動，即使遇到挫折或干擾時，也會持之以恆，反之則不然。例如：可持續觀看其他小孩玩遊戲達數分鐘者表示堅持度高。

氣質的本質

我們瞭解嬰兒的氣質，並不是要去瞭解此嬰兒是否是「好孩子」或「壞孩子」，而是期望讓爲人父母者在帶嬰兒時，對嬰兒能有更進一步的瞭解，因此，父母對嬰兒氣質的本質應有以下幾點認知：

1.並無所謂好壞之分：瞭解嬰兒就是「這樣的人」。
2.個別差異：每個嬰兒都有不同的氣質。
3.因材施「育」：不同的嬰兒有不同的帶法。

氣質對嬰兒的影響

氣質對成長中的嬰兒到底有何影響呢？以下分別說明之：

親子依附

父母對嬰兒氣質的反應，往往決定是否會與之接觸或親近，例如：哭聲本來就大（反應強度大）的嬰兒，較容易「驚動」爸爸媽媽趕快去抱他或覺得嬰兒比較餓（因大聲哭）而趕快去餵他。反之，哭聲本來就小（反應強度小）的嬰兒，較易讓爸爸媽媽「忽視」他的需要或存在。

可能較受歡迎的氣質

活動量小的較安靜，讓爸爸媽媽覺得這小孩好乖；規律性好的嬰兒每天定時大便，餵奶及睡覺的時間也大多一致，大人會覺得這小孩很好帶；趨避性低的嬰兒樂於與陌生人互動，讓人覺得這小孩好友善；適應度強的嬰兒到那裡都能接受，不讓人操心；情緒本質好的嬰兒笑口常開，隨便一逗就笑了，讓人覺得這小孩好可愛。

可能較不受歡迎的氣質

活動量大的嬰兒將保母的體力消耗殆盡，容易令人覺得好煩；不規律的嬰兒讓保母在處理餵奶、排泄、睡眠時易感到困擾；趨避性強的嬰兒很黏爸爸媽媽（或保母），看到陌生人就哭或躲避，讓看顧的人感到分身乏術；適應度差的嬰兒無法接受新環境，讓看顧的人感到困擾；情緒本質差的嬰兒時常悶悶不樂，缺少讓人喜愛的特質。

媽媽氣質與嬰兒氣質

本段所指的「媽媽」也可能是指爸爸或保母，亦即照顧嬰兒的人。嬰兒有氣質，媽媽也有個性，事實上，嬰兒的氣質受媽媽的影響頗大，至於媽媽的個性與嬰兒的氣質相似或相異時，可能會造成什麼狀況呢？以下舉例說明之：

活動量

若媽媽與嬰兒活動量都大或都小，彼此適應性會較佳。反之，若有一方活動量大，一方活動量小，則彼此的適應就比較差。

規律性

若媽媽與嬰兒均有規律性，則相互配合就很良好；若媽媽生活不規律，則嬰兒的生理時鐘也會很不規律。

趨避性

若媽媽與嬰兒的趨避性均低，則有利嬰兒社會行為的發展；反之，若媽媽的趨避性高、個性內向，則不利嬰兒的社會化。

適應度

若媽媽與嬰兒的適應度均佳，則雙方均感愉快，若媽媽適應度不佳，則對嬰兒亦有不良影響。

情緒本質

若媽媽與嬰兒情緒本質均佳時，不但生活愉快，而且也有利於社會化。若媽媽情緒本質不佳時，對嬰兒亦有負面的影響。

潛能的激發
——藉由刺激經驗開發幼兒智能

隨著嬰幼兒慢慢的成長，爸爸媽媽若能經常和他說話，這樣的做法不僅可以對嬰幼兒有安撫的作用，還能提昇他的情緒智商，而且也是孩子學習語言的第一步。

24

越南來台接受顱顏矯治的阿福已經回去了，也許大家只注意到他的外觀確實改變了，但卻鮮少注意到阿福智能的提昇。根據醫護人員表示，來台時，一歲四個月大的阿福，智力年齡只有二、三個月大，是屬於嚴重發展遲緩的小孩，但是停留在台灣醫治的這兩個月期間，他不斷的被愛、被擁抱以及被刺激等心理復健工作，漸漸的可以看出他在這些方面有些許顯著的進步。

提昇智能刺激的方法

　　對於阿福心理復建方面顯著的地方有：

1.本來不會翻身，現在會了（動作發展）。
2.本來吸吮奶瓶的動作很有問題，現在進步很多了（動作發展）。
3.本來目光呆滯，現在旁人拿玩具逗他，他會不時的眨眼睛（社會性發展）。
4.本來僅常靜靜躺在床上，現在會不時地呵呵大笑（社會性發展）。
5.本來只會發出怪聲音的他，現在會咿咿啊啊的發音了（語言發展）。

　　這是一個來自越南山區典型低社經家庭的發展遲緩小孩，在台兩個月的刺激經驗，卻帶來如此驚人的進步：一方面顯示醫護人員及其他志工努力的結果；二方面也告訴我們教育的重要性。龍生龍，鳳生鳳，雖然人類的智能與遺傳有相當大的關係，但若在出生後外在的刺激經驗不足時，對潛能的開發會是很有限，嚴重時甚至會造成文化家庭性智能不足，所以為了能夠培育一個優秀的下一代，來自各種刺激經驗是不可少的，至於刺激經驗是那些呢？以下將就智能刺激的開發作一個探討。

　　胎內刺激有助於幼兒日後智能的開發。中國古代的胎教已在科學昌明的現代得到了印證，尤其是對於聽覺方面的刺激。一般而言，胎兒的

內耳、中耳、外耳以及聽覺神經系統的建立，大約在懷孕後的六個月，胎兒可以感受到母親的心跳聲音、血液流動的聲音以及胃腸蠕動的聲音。慢慢地，對於外在自然環境的一些聲音如說話聲、音樂、喇叭……等聲音，也都間接的傳到子宮內，雖然胎兒不會聽得很清晰，但至少可以聽得見，對於胎兒可以接收到這樣的聲音刺激，我們為何不適時介入呢？

因此，胎教音樂、媽媽的聲音刺激，對於腹中胎兒是有絕對的助益。根據醫學研究指出，這樣的做法可以刺激胎兒腦部賀爾蒙的分泌，並且增進其身體的免疫力，另外，對於幼兒出生後情緒智商的提昇也會有幫助。此外，觸覺刺激也是可以做的，當孕婦覺得胎動的時候，用手輕輕撫摸一下腹部胎動的位置，尤其是在懷孕後期，胎兒的體積越來越大，對於媽媽觸摸肚子，胎兒更能深切的感受到，這是人類社會行為最早期的發展，亦有助於幼兒日後智能的開發。

聽覺刺激可提昇智能

新生兒出生之後，視覺功能雖然不是很好，但至少可以開始接收訊息，此時嬰兒的最佳視覺距離約在二十至三十公分左右，嬰兒接收各種視覺訊息，就是學習活動的開始，嬰兒越早學習，對於他潛能的開發越有幫助。因此，父母親宜提供各種視覺的刺激給孩子，方式如下：

1. 面對面和他說話，新生嬰兒最喜歡看到媽媽爸爸的笑臉，特別是會動的嘴巴、會眨的眼睛，跟他扮扮鬼臉可能會引起微微笑，以至於日後的呵呵笑。
2. 在搖籃上、床上提供五顏六色，特別是顏色鮮豔的玩具，讓嬰兒醒來時可以看到繽紛的世界。
3. 媽媽、保母的衣服儘量穿著顏色鮮豔、對比分明的視覺刺激，居家生活中的家具、圖片、布做的圖書，也是視覺刺激不可少的。

4.會爬、會走以後，嬰幼兒開始主動的接近有興趣的視覺刺激，爸爸媽媽要多提供刺激物，並且保護嬰幼兒的安全。

5.二、三歲的幼兒可以提供圖畫書、錄影帶，並常帶他到百貨公司、戶外環境，如公園、山上、海邊等地方，讓幼兒開開眼界，必有利於智能的提昇。

在前已述及，胎兒期的聽覺即已發生作用，出生以後，耳道羊水清除，他的聽覺也更形敏銳，此時聲音的介入，對新生兒而言，就是一種聽覺刺激。聽覺刺激最好的內容就是媽媽和爸爸的聲音，常常和他說話，新生兒可能會有似曾相識的感覺（在胎內就已熟悉的聲音），不但是一種記憶能力的表現，也可增加新生兒的安全感；其次當然就是悅耳的音樂。隨著嬰兒慢慢的成長，爸爸媽媽常常和他說話，不但有安撫的作用，提昇情緒智商，而且也是學習語言的第一步。

此後，晨起、吸奶時，播放輕快、柔和的音樂，睡前播放催眠曲，也都有利於生活品質的提昇，間接的也促進幼兒智能發展。在嬰幼兒時期，可以是些發聲的玩具，尤其是可以發出各種聲音的玩具，除了聽覺刺激之外，更可以讓嬰幼兒去認識、分辨各種不同的聲音。此外，父母也可以和嬰幼兒玩各種發聲的遊戲，如模仿動物聲、唱歌、童謠、說故事等等，這些均可藉由聽覺的刺激來提昇嬰幼兒智能。

潛能開發是可預期的

當胎兒時期的時候，小生命在母體內，他的手、腳並不「規矩」，它的手不但摸來摸去，腳還會動來動去，這是觸覺刺激的第一步。新生兒透過大人的擁抱，身體的觸摸得到更進一步、更具體的刺激，皮膚的刺激絕對會由神經系統來傳達到大腦，進而提昇他智能發展。新生兒出生後的手有拳握反射，他的小手掌常握得緊緊地，此時我們也可以給他握著大人的手指頭，或是拿一些軟軟的小玩具讓他握著；當然，首先安

全、清潔是必須要考量的，別疏忽此時幼兒免疫力不若大人佳。

　　另外，父母親也可以和他臉頰貼著臉頰，或當嬰兒清醒時，可讓他平躺在床上，做做手部的體操；而嬰兒也喜歡踢腳，我們也可以用手掌貼著他的腳掌，和他前後互動，這些都是很好的觸覺刺激。嬰幼兒期的小孩子，由於好奇心的驅使，手更是喜歡東摸摸西摸摸；此外，隨著嬰兒會爬、會走、會跑，他可及的地方更大，活動範圍更廣，在安全的控制下，父母可以透過玩具、遊戲的方式，來滿足他的觸覺慾望，都有利於孩子潛能的開發。

　　幼兒此時的嗅覺與味覺刺激，雖不像視覺、聽覺和觸覺那麼重要，但是基於全人教育、全方位的潛能開發，在嬰幼兒期多給他聞聞各種味道、嚐嚐各種味道（但不好聞、不適合嚐的味道則要避免），不但可以增進其生活經驗，也有利智能的提昇。人類的能力除了遺傳、生物上的限制之外，仍然有相當大的空間可以去開發，這就是人類品質之所以不斷提昇的原動力。

　　而由於教育學、心理學及醫學不斷地進步，我們深信早期優質教育的介入，對於孩子整個人生之成長有其重要性。嬰幼兒絕對不是笨笨地，什麼事都不懂，什麼事都不會的人，而且是深具潛能且極待開發的個體，這是我們培養優秀下一代所不可避免的，基於嬰幼兒期最佳的學習管道是感覺器官，所以我們只要適時的提供各種刺激，相信潛能的開發是可以預期的，因此，奉勸普天下的父母、保母、教育及保育人員，為明日更優秀的下一代一起來共同努力吧！

25 不當管教與心靈傷害

案例一

　　○○年○○月○○日報載：○○縣○○鎮一名三歲男童疑遭到虐待，導致腦部重傷，昏迷不醒，送醫時，男童遍體鱗傷、瞳孔放大，經診斷為急性硬腦膜下出血，恐有生命危險，醫師指出，男童前顎牙齦明顯骨折，且全身有多處新舊傷痕，他們懷疑是遭到身體虐待。

案例二

　　○○年○○月○○日報載：○○縣○○鎮一名六歲疑似發展遲緩男童在家中受傷，送醫後不治，法醫解剖發現男童腹部有內出血現象，且臉部及身體有多處舊傷，有被凌虐致死之嫌。經偵訊後，男童母親坦承曾因兒子不聽話、哭鬧不休，憤而踢他的腹部。檢查官認為她管教方式失當，有再犯之虞，諭令將她收押，男童的四歲妹妹則由社工員安置於適當場所代為照顧。

管教的涵義

管

　　管理，保護之意，使子女免受外界傷害，在為達到更好的狀態之前提下所做的限制。

教

　　教育，就是傳授知識，使其能發揮潛能，獨立生活，進而對社會有所貢獻。

管教子女的學理依據

精神分析學派

佛洛依德為精神分析學派的首創者，他主張人性本惡，必須導之以正，所以兒童也有暴力及破壞傾向，故需教育。

生理心理學派

生理心理學派主張對於有些行為而言，成熟的因素是大於學習的因素，後天的刺激只是促發，成熟才是主要的原因。若子女之不適當行為係起因於大腦未成熟、生化不平衡、感覺統合不良，或是其他病變，通常不是用管教的方法來處理，而必須靜待大腦發育成熟、感覺統合訓練或藥物治療才有效。

行為學派

行為學派即精神分析學派之後興起的學派，行為學派學者覺得精神分析學派不夠科學，應以觀察到的行為作為基準，才符合科學的典範，其主張「行為制約論」，他們認為獎勵可讓好的行為繼續保持，而處罰可讓不當行為停止。

認知學派

認知學派學者主張內隱要素，贊同心理表徵的存在，所以教育在教養子女上扮演相當重要的角色；認知學派學者並認為子女之所以有不當行為，是由於無知，若教育介入，則不當行為就會停止或減少。

人本學派

人本學派主張以「人」為本，注重人性的關懷，強調人性的尊嚴，所以認為子女是有其尊嚴的，父母要尊重子女，不可打罵子女，他們也

認爲孩子是善良的，自己會努力向善，不需父母來強迫。

管教不當的後果

學理上之解釋

精神分析學派觀點

　　人類發展受早期生活經驗所影響，管教不當必造成心靈傷害，以兩位學者爲代表：佛洛依德認爲嬰兒口慾沒有滿足，會造成口腔性格，如悲觀、依賴、被動、退縮、仇視等。肛門期大小便訓練過於嚴格與放任，會造成冷酷、無情、頑固、吝嗇、暴躁等性格。性器期認同錯誤，可能造成男孩女性化、女孩男性化。艾力克遜認爲管教不當會造成子女的不信任感、羞愧疑惑、罪惡感、自悲、角色混淆。

行爲學派觀點

　　行爲學派基於社會學習觀點，以口角、攻擊、打架來解決紛爭，會因而產生不當的制約反應，進而影響下一代的學習及養育下一代的方式。

認知學派觀點

　　認知學派認爲打罵教育是「不錯的管教方法」的錯誤認知，因爲其錯誤認知模式進而影響下一代的成長發展，同樣地造成其錯誤的認知方式，在同儕中，可能認爲解決紛爭的方法就是打罵。

實務上的徵候

人際關係問題

　　是指幼兒在家中和父母親及兄弟姐妹的關係不良。

行爲規範問題

　　是指幼兒容易發脾氣，或是有攻擊行爲。

憂鬱情緒問題

是指幼兒傷害自己（自殘或自傷）、愁眉苦臉、退縮及情緒低潮。

焦慮情緒問題

是指幼兒會緊張、亂動、坐立不安、容易激動或恐懼。

偏習僻

是指幼兒會吸手指頭、咬指甲、偏食等。

合理的管教方式

多鼓勵、少責罵

父母可以藉由一些話語來鼓勵兒童，例如：「你做得很好！」或是「再加油！加油！」等鼓勵的話；而少說「真差勁，連這個都不會！」或是「真是笨，我是怎麼教你的？」等責難的話。

不將自己的情緒、脾氣、痛苦、壓力轉移到子女身上

有些父母在工作上不如意，下了班以後，會把所有不滿的情緒全都發洩到幼兒身上；也有一些父母在婚姻的緊張關係中，將負面的情緒發洩在小孩的身上。這樣的遷怒行為不僅是不成熟的舉動，對幼兒而言更是相當不公平的事。

民主時代，民主教育

父母應該在家中多多培養幼兒民主的觀念，例如：家中的一些事情可以經由全家投票的方式讓幼兒一起參與決定。

教育觀念與知識隨時代同步成長

隨著時代的日新月異，父母親應該隨時注意自己對於教育的觀念和知識。例如：在現今社會裡，電腦是家家必備的物品，也是每個人一定

要會的，倘若還有父母阻止幼兒去接觸電腦、去學習電腦，也不知道電腦的重要性，那就是相當的跟不上時代。

不以自己的成長背景、接受教育之方式，轉移到子女身上

例如：很多父母從小便是接受著「男尊女卑」的觀念長大的，但在教育自己的下一代時，就不應該將這類「父權至上」的觀念加諸在幼兒身上，不然就會對兒童的身心造成偏差，進而影響他們的未來。

多站在子女的立場來設想

例如：幼兒在看到別的小孩有新玩具時，常常會不加思索就拿來玩，以大人的眼光看來，可能會覺得幼兒是「搶」他人的物品，可是幼兒只是想拿來玩玩而已，所以父母在教育幼兒時，應該多發揮同理心，站在幼兒的立場來為他們設想。

父母、老師管教態度一致

父母應該和老師的管教態度相同，不然幼兒在遵守時，便會覺得無所適從，不知該順從哪一方。

多看子女的長處，補救子女的缺點

父母應該多多鼓勵其子女的優點，增強他們的信心，並適時地提醒他們自己的缺點，以期改進。

多觀摩、多請教、多檢討

父母在教育幼兒時，應該多多參考其他有經驗的父母的作法，遇到問題時，就儘量提出，並時時檢討自己的教育方式，以期對幼兒成長有最大的助益。

26

拉提小手向二十一世紀挑戰
——談幼兒生涯規劃

將來——

您要留給孩子一棟房子？

一百萬？五百萬？一千萬？……

還是——

給他一個健康的身體，讓他……

給他一個智慧的頭腦，讓他……

給他一雙巧手，讓他……

給他八面玲瓏的社會技巧，讓他……

給他辯才無雙的語言能力，讓他……

給他敏銳的觀察力，讓他……

給他無限的創意，讓他……

給他寬廣的世界觀，讓他……

生涯規劃的意義

　　生涯係自出生開始至退休以後的發展過程，它包括：有酬和無酬的職位，其內容涵蓋了職業、家庭、休閒、社會活動等角色。幼兒生涯規劃是先訂好一個可行的生涯目標，然後運用其潛能和生活環境中可及的資源，努力加以完成。

生涯規劃的重要性

掌握發展的關鍵期

　　人生中有許多發展如粗細動作、語言、社會技巧、人格等發展的關鍵期大都在幼兒期，此時若能給予良好的培育，必有利於整個人生的發展。表一即說明了早期人格特質的發展，適時提供遊戲及玩具，對日後職業選擇的關係。

開拓寬廣生涯路

　　幼兒的可塑性很強，若在此時給予各種遊戲、玩具及訓練，必能培養幼兒多方面的能力與興趣，如此可開拓未來寬廣的生涯路。

奠定美滿家庭之基礎

　　從消極面來看，及早且正確的給予幼兒作規劃，可讓幼兒免於許多嘗試錯誤學習；從積極面來看，在作生涯規劃之後，幼兒的發展會更順暢，對於原生家庭及未來自己成立的家庭都有其正面的影響。

貢獻力量於國家社會

　　幼兒在成功的規劃生涯路之後，對於未來的路必能好好的發揮，進而為國家貢獻一己之力。

表一 人類身心特質、遊戲與職業類型之關係

身心特質	遊戲或玩具	職業類型
粗動作 （大肌肉）	大積木、游泳、跑步、翻滾體操、跳繩、球類運動、滑梯、鞦韆、打鼓、舞蹈、三輪車、腳踏車、滑板、溜冰、放風箏	職籃球員、職棒球員、軍人、建築工人、築路工人、舞蹈家、推拿師、工程師、水泥工、機械工、汽機車修護、農夫、漁夫、搬運工、木匠、礦工、體育選手
細動作 （小肌肉）	小積木、穿珠、下棋、玩泥沙、吹奏樂器、打鼓、畫圖、扣鈕扣、木偶戲、電動玩具	鋼琴師、小提琴師、建築師、鋼琴調音師、舞蹈家、針灸治療師、科學實驗、醫師、繪圖師、電子裝配、裁縫、刺繡、雕刻、電腦打字、美容美髮、司機、機械工、飛行員、汽機車修護、木匠、廚師、園藝、工程師、攝影師
外向	說故事、拜訪親友、公園散步、到學校玩、逛百貨公司、參觀旅遊	記者、民意代表、機關首長、老師、警察、時裝模特兒、導遊、明星、歌星、服務生、保母、社工員、秘書、服務台諮詢員、警衛、採訪編輯、公關人員、保險推銷員、經理

身心特質	遊戲或玩具	職業類型
內向	下棋、聽音樂、看電視、電動玩具、看書、靜坐、看錄影帶	圖書管理員、倉庫管理員、美術設計、電腦打字、作家、服裝設計、室內設計、秘書、校對、文字編輯
機警	下棋、猜拳、電動玩具、競爭性遊戲	警察、業務員、銷售員、警衛、司機、軍人、調查員、職籃選手、股市分析師
耐心	機械合體、積木、拼圖、大富翁、下棋、釣魚、靜坐、畫圖	老師、雕刻、書法、醫師、護士、保母、社會工作員、建築師、製圖、會計師、打字、司機、推銷員
語言	說故事、英語、木偶戲、唱歌、詩歌朗誦、童謠	老師、律師、民意代表、機關首長、推銷員、導遊、播音員、心理輔導員、經理、演員、股市分析師
細心	下棋、電動玩具	醫師、會計師、藥劑師、保母、心理輔導員、簿記、出納、軍人、銀行員、精密手術、航空科技、航管人員、法官、統計、司機、寶石鑑定、品管人員、稽核員、美容師、情報（調查）員

身心特質	遊戲或玩具	職業類型
高智能	機械合體、積木、拼圖、下棋、樂高、閱讀、七巧板、電動玩具	科學家、研究工作員、發明家、心理輔導員、統計員、教師、工程師、研發人員
創造力	積木、樂高、扮家家酒、童話故事、寓言故事、童詩、七巧板、畫圖	詩人、作家、音樂作曲、雕刻、編劇、廣告設計、室內設計、服裝設計、建築師、研發人員、髮型設計、攝影師
社會技能	扮家家酒、木偶戲、親子活動、團體遊戲	公私機構首長、民意代表、推銷員、老師、警察、導遊、解說員、社工員、業務員、服務台諮詢員、護士、公關人員、心理輔導員、銀行員、美容美髮、餐飲服務員、保險推銷員、經理、記者
感覺動作能力（視、聽、觸協調）	樂器、搖鈴、聽錄音帶、看電視、錄影帶、打鼓、玩泥沙、畫圖、鋼琴、小提琴、游泳、溜冰、電動玩具、風箏、蹺蹺板	警衛、老師、科學實驗、研究人員、舞蹈家、醫生、護士、美容美髮、設計師、作家、校對、打字、會計、出納、保母、司機、品管、攝影師、演員
世界觀	童話故事、旅遊、地球儀、世界地圖、各國風情畫（書）、各國郵票	老師、政府官員、民意代表、國貿人員、翻譯員、導遊

生涯規劃的取向

立意取向

指父母幫小孩規劃各種學習活動。時下有許多父母為孩子們做決定，如學鋼琴、小提琴、英語、電腦等等，許多小孩的發展就提早開始，此一取向的優點就是讓孩子贏在起跑點上，尤其許多發展的關鍵期大都在幼兒期，此期的介入，正是時候，故可能學得快，學得好；其缺點是父母未能有效評估幼兒的潛能與興趣，此期若由父母「隨興」給予指定的學習活動不一定能夠符合其興趣與潛能，而容易讓孩子感到挫折，不但對人格發展有負面的影響，而且也妨礙了生涯路的進展。

厚植各項實力取向

指父母讓小孩學習各項知能。由於幼兒身心尚未發展成熟，因此不宜做特定的才藝學習，應該廣泛的、多方面學習活動的介入，培養各種能力與興趣的發展，在幼兒期厚植各種能力，將有利於日後的發展。

影響生涯選擇的因素

個人因素

影響生涯發展的個人因素很多，在此列舉以下二者提出說明：

健康

健康為人生各種發展之本，幼兒的體質如何，先天決定了一部分，後天也決定了另一部分，後天的部分是父母可以努力的，父母必須從飲食、營養、運動、遊戲以及疾病預防開始著手，全力以赴，必能為幼兒的健康做一分貢獻。

性別

　　教育幼兒是否需要考慮性別因素，是一個相當具有爭議性的議題，亦即在兩性平等的社會裡，性別的問題有被淡化的**趨勢**。然而從許多社會、行為科學的研究，兩性在能力、興趣、人格特質方面，確實存在一些差異，因此，筆者認為在教育上考慮性別因素是有必要的。

家庭因素

　　影響生涯發展的家庭因素很多，在此列舉以下二者提出說明：

父母資質

　　俗話說：「龍生龍，鳳生鳳，老鼠生的兒子會打洞」，可見父母的資質高低是會影響小孩的資質。資質高的父母比較會生出資質較高的子女，而資質低的父母則比較會生出資質低的子女，這是遺傳上無法改變的事實。

家庭經濟

　　家庭的經濟對幼兒的生涯規劃也有著很大的影響。父母的經濟狀況如果許可的話，相信很多父母都是很樂意讓幼兒學習一些才藝活動的，例如：拉小提琴、學珠算、芭蕾舞、打擊樂等等，說不定，這就啟發了幼兒興趣，而成為一生的事業或興趣，但是倘若家庭的經濟不能夠讓幼兒出去學習才藝，那麼相形之下，該幼兒就比別人少了很多去開發其潛能的機會。

幼稚園、托兒所因素

　　在幼稚園中，教師的教學態度和教學方式對幼兒有很大的影響，如果幼稚園的老師以啟發式來教導幼兒，重視個別需要，相信幼兒會學習得更快樂。此外，學校的設備以及教學內容也影響幼兒很大，如果學校的設備很充足、所規劃的教學內容也很能符合幼兒的需要，那幼兒一定會對學習更有興趣。

社會因素

　　影響生涯發展的家庭因素很多，其中社會上的價值觀也會影響很大。所以父母應該多多注意社會上的價值觀導向，以免對幼兒造成不良的影響。

生涯規劃的程序

短程計畫

　　是指幼兒〇至六歲，屬於細節規劃，例如：語言、動作、社交、情緒、才藝等等。

中程計畫

　　是指幼兒六至十二歲。可作條列式的簡要規劃。

長程計畫

　　是指幼兒十二歲以後，屬於較為籠統且長期的規劃。

27

幼兒的人格發展與輔導

人格（個性）的意義

　　人格乃是個人在對己、對人、對事物等各方面適應時，於其行為上所顯示的獨特個性。有人嚴以律己，寬以待人；有人則相反，對於自己的缺點、過失很容易原諒自己，可是對於別人的一點小毛病，卻窮追猛打，一點也不放過。有的人對流浪狗愛護有加，帶回去洗澡供食；有的人則腳踢丟石頭，欲置之於死地；有的人隨意摘花踐踏草皮，有的人則愛護有加。凡此種種，均顯示一個人人格的一部分，而且這些人格特質，雖有些類似性，但世上絕沒有兩個人的人格特質是完全相同的，即使是雙胞胎也不例外。

影響人格（個性）發展的因素

　　影響人格發展的因素很多，綜合而言，大致有下列四者：

遺傳
　　幼兒的形成是由父精母卵結合而來，部分個性自然來自於父母親，例如：孩子可能遺傳自爸爸的開朗，可能遺傳自媽媽的仁慈。當然，也可能遺傳不好的人格特質，例如：自私、脾氣暴躁、懶散等等。

環境
　　自有生命開始，孩子的個性不斷受到其生活環境的影響，而年幼的孩子，其生活環境常受父母的主導，因而身受父母的影響。離開家庭後，也受其他人及環境的影響。說明如下：

胎內環境
　　母親懷孕時的身心狀況會間接影響到孩子人格發展，顯示胎教的重要性。良好的胎教，如穩定的情緒、充足和適當的養份、提供合宜的刺激──如常常和胎兒說說話、悅耳的胎教音樂、隔著肚皮的觸摸等等，

將有利於出生後人格的成長；反之，則會造成負面的影響。

家庭環境

　　出生後的家庭環境包括：父母關係、親子關係、排行、父母社經地位（教育程度、職業、經濟）、管教方式等，均會影響孩子的人格成長。以父母的關係為例，若父母的關係良好，互相尊重，則有利於幼兒社會行為的發展；相反地，若父母關係不良，甚至於暴力相向，幼兒則可能造成退縮的個性，當然，亦可能學到暴力的行為。

托育環境

　　保母、托兒所及幼稚園老師、小學老師的教導方式，加上父母態度的融入，將對孩子的人格發展造成影響。如果托兒所老師的教育方式較為民主，則能培養幼兒活潑開朗的個性；相反地，若教育方式較為放任，則容易讓幼兒養成為所欲為，放蕩不拘的個性。若較嚴格，則可能造成退縮、膽怯的個性。

成熟

　　隨著孩子身心發展逐漸成熟，個性也隨之改變。例如：以前動不動就哭，現在不會了；以前吃飯需要人家餵，現在可以自己吃了。前者即是心理的成熟——社會化的結果；後者即是粗細動作及協調能力的成熟。

學習

　　從社會學習論的觀點，父母親的一舉一動，孩子經觀察後加以學習模仿，例如：父母吵架、打架，孩子也學會吵架、打人。父母相處愉快，孩子如沐春風，有利人格健全發展。

人格（個性）發展的輔導步驟

　　為了塑造幼兒良好的人格發展，可從下列幾個方面著手：

檢視孩子在個性上有那些與父母相同或類似之處？

父母的個性既然會遺傳給下一代，吾人就常看到子女的個性是父母的翻版。因此，父母可以檢視一下孩子的那一些個性與父親或母親相同或有類似之處，就以父母的人生經驗，這些個性在求學、社交、工作、婚姻產生了那些正面或負面的作用，如此可作為教育上的參考。

檢視孩子在個性上有那些與父母相異之處？

幼兒的個性不可能完全與父母一樣，畢竟雙方在生活背景、教育等等的社會環境上有著相當的差異，所以父母可以檢視一下雙方個性上的差異，這種差異如果沒有好壞之分，如父母健談，孩子文靜，則沒關係；若雙方個性「相剋」，如父母外向，幼兒內向，則可能雙方就要取得協調，相互尊重，否則將造成雙方關係的緊張或生活上的不便。

檢視自己的個性有那些優點及缺點？

個性上的優點，可能在學業、事業、婚姻上得到正向的幫助，例如：堅持度高的個性，可能因而解出數學上的難題，在事業上則突破萬難，勇往直前。個性上的缺點，如意志不堅，在讀書及工作上常無法持之以恆，錯失成功的良機。EQ高的人，有利於婚姻關係的經營，反之，EQ低的人，則不利於婚姻關係。檢視自己個性的優、缺點，應用在子女個性上的輔導，相信子女受惠無窮。

為孩子「量身訂作」一個好的人格特質。

輔導孩子的人格發展，父母可以採用順其自然的方式，也可以採用量身訂作的方式，但不管如何，對於一些不好的人格特質，如自私、暴躁、愛哭、愛告狀等等，總應設法加以消除，父母總該盡力去培養一個讓自己「滿意」的孩子，亦及滿意孩子的人格特質，也就是為孩子「量身訂作」一個好的人格特質。

28 如何增進兒童的創造力

創造力的涵義

創造力就是能夠創造個人獨特見解或能創造出新事物的能力。幼兒喜歡幻想、作白日夢，或者說話誇張，這都是創造力的表現，父母不但不應該加以取笑、制止，甚至應該給予鼓勵。創造力強的幼兒具有下列五個特質：

敏感度

指幼兒對問題的敏感程度。即敏於覺察事物，具有發現缺漏、需求、不尋常及未完成部分的能力。例如：媽媽穿了一件新衣服或燙了一個新髮型，幼兒是不是很快地可以察覺出來。

流暢性

指幼兒的思路流利暢達，源源不斷。下列之情形，即表示流暢性高的特徵：

1. 幼兒在一定時間內，能對某些事物的用途或觀點做較多的聯想。例如：杯子有那些用途，可以想出很多而不只侷限於喝水用的。
2. 幼兒對問題的反應量很多。例如：問他問題時，可想出許多答案來。
3. 「滔滔不絕」、「文思泉湧」的能力。例如：幼兒講話可以「不打草稿」，而不斷地編出故事來。

變通性

指幼兒能很快的改變思路，遇到困難或阻礙時，能想出其他解決問題的方法。下列之情形，即表示變通性高的特徵：

1. 思考方式變化多端，能舉一反三，觸類旁通。例如：教幼兒「紅色」，他可以說出媽媽紅色的衣服、西瓜是紅色的、那幾塊積木

是紅色的。

2.能隨機應變，不墨守成規。例如：玩扮家家酒時，每次的玩法常有變化，擔任的角色也不一樣。

獨創性

指幼兒能說出自己特有的看法，而與其他幼兒不同，下列之情形即表示獨創性高的特徵：

1.幼兒所回答的內容與眾不同，見解獨特，標新立異。例如：問幼兒柚子可以拿來做什麼，幼兒可以回答說柚子皮可以拿來當帽子戴，而別的幼兒則沒有這種說法。

2.幼兒在處理事物上，能提出創新、與別人不同的辦法。例如：教幼兒摺紙，幼兒會發明出一種新的摺法，或是創造出另一種新的紙型出來。

3.在韻律活動中，鼓勵幼兒自編和別人不一樣的動作。例如：在放同一首先前教過動作的歌時，幼兒會東扭腰西擺頭的，擺出自己編的動作來，而且自得其樂。

精進性

指幼兒思考細密，精益求精，百尺竿頭，有更進一步的表現。下列之情形即表示精進性高的特徵：

1.幼兒對答案的描述很詳細，刻畫入微。例如：問幼兒今天出去看到了什麼，幼兒會回答說看到了綠色線條的公車、紅色有大夾子的拖吊車、黃色有蓋子的垃圾車、深藍色跟爸爸一樣的車車等。

2.幼兒畫畫，注意細節，描繪細膩。例如：要幼兒畫一隻小鳥，幼兒會將鳥嘴、身體、尾巴畫出來以外，連翅膀上的羽毛線條都會畫出來，甚至有的幼兒還會畫出毛毛蟲啣在小鳥的嘴裡。

富創造力幼兒的特質

1. 表現出頑皮、淘氣、不受拘束、不善於自我控制的行為。
2. 處事待人不固執、較幽默，但難免帶有嬉戲意味，常被人誤解，有時難免不容於團體。
3. 興趣較廣泛，喜歡對新奇與複雜事物用心思。
4. 獨立性高，從眾行為較少，對事物之判斷不盲從，喜歡獨立行事。
5. 語文較流暢，喜歡問些有關哲學、宗教與人生價值之類的抽象問題。
6. 生活範圍較大，自信心強，對將來持有較高的抱負。

幼兒創造力的表現方式

萬物有靈論

幼兒認為所有的東西都是活的、有生命的。例如：當幼兒看到有人在除草時，幼兒可能就會問草會不會痛、草媽媽會不會哭等等。

戲劇性的遊戲

幼兒在日常生活中，常自己創造出有劇情的表演遊戲來。例如：玩扮家家酒時，幼兒常自己設定我是爸爸、你當媽媽、他是小孩等等，並且加上很多自己想出來的劇情，配合上小小的道具，一群幼兒就可以玩得不亦樂乎。

建構性的遊戲

幼兒常利用各種東西來建造各種有意義或無意義的東西。例如：用樂高積木來蓋一間小屋子，或是用砂子來堆成小山等等。

假想的玩伴

幼兒可以使自己和其他東西玩得很開心，例如：幼兒會和自己喜歡的布偶玩遊戲，或是跟它們說話等等。

白日夢

在日常生活中，幼兒可以幻想與任何人、事、物有關的事。例如：幼兒一直很想去兒童樂園玩，可是爸爸媽媽都要上班，所以沒有辦法帶幼兒去玩，幼兒就會想像他有去兒童樂園玩樂的情形、玩了些什麼、還吃了熱狗和冰淇淋等等。

說話誇張

幼兒在敘述一件事情時，常常會將它加以誇大。例如：幼兒看到一個大一點的氣球，後來幼兒描述給別人聽時，別人問幼兒氣球有多大，幼兒可能會說比大象還要大，大概跟房子差不多大吧！

說故事

幼兒可以根據過去的經驗，重編屬於自己創造的故事。例如：以前爸爸媽媽曾經帶他去動物園和水族館玩，幼兒以後在講故事時，就會把過去在動物園和水族館裡玩的經驗穿插在故事中。

影響創造力發展的因素

父母的管教方式

父母若是採民主的教育方式，幼兒就可以充分的表達自己的思想及意見，較能培養創造力；反之，父母若是採用嚴格的管教方式，就容易抹煞幼兒的創造力，所以父母的管教方式對幼兒創造力的發展影響最為深遠。

學校的教育方式

　　學校及教師可讓幼兒自由表達意見，對於不瞭解的地方提供啓發式的答覆，則對創造力的增進有幫助；反之，如果學校的教育方式太重紀律與規範，而採用塡鴨式教學，則會有礙幼兒創造力的發展。

友伴的態度

　　幼兒在與友伴相處時，如果能夠表達自己的見解，因而獲得回響時，則較能發展創造力；反之，如果壓力過大，無法保存自我，只好迎合別人、遵從大眾時，則創造力難以發揮，長久下去就會影響到幼兒創造力的發展。

啓發幼兒創造力的原則

1. 假設幼兒有多種能力，提供多方面的嘗試，讓幼兒有更多表現的機會。
2. 鼓勵幼兒考慮或想出各種問題不同的解決途徑，而且不斷地給予鼓勵。
3. 允許並鼓勵幼兒創新的表現，而不加以制止。
4. 指導幼兒多用感官去觀察，探索各種事物，觀察入微，有利於精進性的發展。
5. 培養幼兒客觀的思想與看法，對任何事物不存己見，應廣徵異己之見解。
6. 鼓勵幼兒幻想及想像力，如此幼兒可思想新奇、特殊之事物，培養創造力。
7. 突破限制，不墨守成規，鼓勵幼兒以新的觀點去描述或瞭解各種事物。
8. 採用民主教育方式，尊重幼兒發展的機會與潛能。
9. 改變評量成就的傳統觀念，例如：有些題目的標準答案不一定只

有一個。

10.讓幼兒均有表現的機會，並鼓勵其表現。

11.不以成人的觀點來批評幼兒作品的好壞，並肯定每一位幼兒的每一件作品。

創造力教學實務

敏感度訓練

化裝舞會

是指在化裝完以後，由幼兒來找出他身上缺些什麼、那些地方和一般人不同等等。例如：耳環只有右邊有戴，而左邊沒有戴，所以就看幼兒能不能發現出來。一般而言，越早發現不同處的幼兒，敏感度越高。

先知先覺

是指幼兒能否發現在其周遭環境的改變。例如：母親由家中的遊戲室中拿走了幼兒最喜歡的玩偶，看看幼兒能不能很快地察覺出來家中的遊戲室中少了些什麼。一般而言，越早發現不同處的幼兒，敏感度越高。

流暢性訓練

萬用杯子

例如：問幼兒說紙杯有什麼用途？幼兒可能會回答說可以用來裝水、裝綠豆、當筆筒等等。一般而言，回答出越多的幼兒，流暢度越高，此遊戲也可用來訓練幼兒此種能力。

畫圈或物

是指給幼兒很多個圓圈，讓幼兒加個幾筆，使圓圈成為另一個圖形，畫出越多越好。一般而言，畫出越多的幼兒，流暢度越高。

獨創性訓練

萬用杯子

是指問幼兒說紙杯有什麼用途？幼兒回答出越與眾不同的答案或別人越想不出的答案，就表示幼兒的獨創性越高。

畫圈或物

是指給幼兒很多個圓圈，讓幼兒加個幾筆，使圓圈成為另一個圖形，幼兒畫出越與眾不同的圖形，表示其獨創性越高。

變通性訓練

排除障礙

是指幼兒在遇到困難時，大人先不要告訴幼兒解決的方法，讓幼兒自己去思考。例如：幼兒問說大象會不會生蛋？大人就先不要回答，然後帶著幼兒去圖書館找資料，這樣一來，就可以訓練幼兒對於排除障礙的能力。

歌詞重編

是指拿幼兒已經朗朗上口的歌，來重新編另外的詞，例如：「妹妹揹著洋娃娃」、「哥哥爸爸真偉大」等等歌曲。

精進性訓練

畫樹比賽

是指叫幼兒畫樹，幼兒畫得越複雜、越細密（甚至連根、葉子都一點點畫出來），表示幼兒的精進性越高，反之，幼兒畫得越簡易，表示幼兒的精進性越低。

裝備廚房

是指叫幼兒用玩具來裝備一個廚房。例如：樂高玩具中有一些小烤箱、小冰箱、小爐子等等。一般而言，幼兒裝設的越仔細，越能注重小細節的，精進性越強。

皮亞傑認知發展在
學前教育的應用

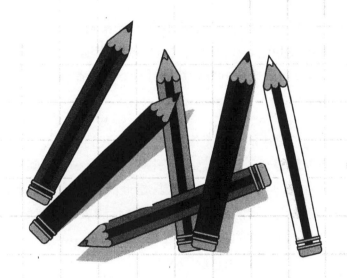

皮亞傑是當今傑出的兒童發展專家，其所提出的認知發展論大大的改變了兒童教育的觀念與作法，揚棄了過去成人本位與課程本位的錯誤方式，取而代之的是兒童本位的教育方法，亦即強調在教育兒童時，應先瞭解兒童的年齡和發展狀況，因爲皮氏認爲兒童的認知與成人的認知在質與量方面均有顯著的差異，成人若一廂情願的以自己的想法、作法去教兒童，必然與兒童所能接受的有所落差，達不到教育上應有的效果。

　　基於上述之理念，學前教育機構中，無論是幼稚園的老師或托兒所的保育員，在教育幼兒時，均應先充分瞭解幼兒的發展，作爲編製教材及教學的依據，本文即將以皮亞傑認知發展在幼稚園、托兒所的教育爲依據，作一簡要之描述。

直覺智慧期的特徵

　　皮亞傑的認知發展分爲四個階段，在幼稚園及托兒所的年齡層中，恰屬於第二階段的直覺智慧期（又稱爲前操作期、操作前期），其年齡約從二至七歲。此一階段的認知特徵可有下列數者：

自我中心

　　就是以自己爲中心來考量事物，例如：我們問一位四歲的小朋友，爸爸的生日就快要到了，你要送什麼禮物給爸爸，他的回答可能是「皮卡丘玩偶」一個，也就是說，皮卡丘是他的最愛，也當然是爸爸的最愛。值得注意的是小朋友以「自己」爲考量的重點並非是「自私」，這是思考能力尚未社會化的結果。

直接推理

　　所謂推理就是從已經知道的事實，對未知的事物作推論，此期小朋友在作推論時，通常其思考是簡單的，不會作複雜的通盤考量。例如：

問一位五歲的小朋友：「當車子到達十字路口，遇到紅燈時該怎麼辦？」他的回答是：「當然要停下來。」再問他：「當飛機在天空飛時，遇到紅燈時該怎麼辦？」他可能理直氣壯地說：「當然也要停下來。」

具體性

所謂具體性就是此期的小朋友必須以實物來思考，抽象的事物無法理解，例如：教一位四歲的小朋友分辨「左邊、右邊」，常令他感到困惑，但若告訴他：「拿筷子的手是右手，右手在右邊；拿碗的手是左手，所左手在左邊。」如此再問他：右邊是那一邊？他可能會舉起右手，並且說：「這是拿筷子的手。」

直覺

此期小朋友常常以直覺來瞭解世界，往往只知其一而不知其二，所以又稱為直覺智慧期。例如：在他面前擺一實驗室的試管（高瘦型）和燒杯（矮胖型），各盛滿水，問他：「哪一邊水較多？」他通常會直覺的回答：「試管的水多。」他是以水位的高低來判斷，而忽略了底面積的問題。

萬物有靈論

此期的小朋友常認為萬物都是有生命的，例如：太陽公公會跟月亮姑娘講話，花草也會講話，自己不小心被椅子絆倒了，還會打椅子，以資報仇。

符號功能

此期小朋友已經開始運用語言、圖形、符號、文字了，透過這些符號，他們能更具體的去表達自己的意思，也可以瞭解別人的意思，更利用這些符號去學習更多的知識和能力。

如何正確的教學

　　根據上述的說明，吾人大致可以瞭解幼稚園或托兒所階段小朋友的認知發展特質，在教育上我們若能依據其特質來教，小朋友不但更能聽得懂，且吸收程度會最好。皮亞傑並不認為改變其思考模式對幼兒有何幫助，例如：前述試管和燒杯的例子，我們若試圖告知底面積乘以高的問題，只會讓其更迷糊，不如「承認」他現在的思考模式是這樣，年紀大了，思考模式自然會有所修正。因此，特以皮亞傑的認知概念，提供下列數點建議，供幼教機構的老師作為教學的參考：

為他人考量的教育

　　幼兒自我中心是必經的階段，但為了促進社會化可以「角色扮演」的方式來瞭解他人的立場，例如：當孩子哭鬧時，爸媽的感覺如何？在幼稚園或托兒所中，常作「角色扮演」的教學活動時，小朋友會更早進入社會化的階段。

面面考量的訓練

　　小朋友常以「直接推理」或「直覺」的方式來考量事情，這與他們的年齡或閱歷有關，在教學上可透過「腦力激盪」的方式來促進小朋友多方面的思考能力，例如：「紙杯有那些用途？」、「小明為什麼生氣？」、「為什麼玩具要分享？」等，讓小朋友踴躍發言，小朋友在這種教學活動中，可以學到許多自己從未想過的內容，如此可擴展其思考層面。

以實物、模型作具體化教學

　　幼教老師千萬不要教導小朋友背數字（如從一數到一百），這種數學教育太抽象，沒什麼意義，在教學時應儘量以實物、模型、自製教具來教學，如此不但有趣，而且小朋友容易理解，抽象事物的學習，對小

朋友並不合適。

配合故事書、說故事的方式教學

這是以萬物有靈論作為基礎，透過童話故事、寓言故事的方式作為教材，由於此期小朋友喜歡聽故事、看故事書，所以運用此種教學必可使小朋友獲得最大的樂趣。

多多利用各種視聽器材

如電視、錄影帶、幻燈片、投影片、錄音機等視聽器材的使用，不但有趣，也有助於小朋友的學習。

為下一代的福祉努力
——台灣的兒童福利現況

　　兒童福利法雖已修正公布多年，但仍有許多地方尚待真正落實。透過本文，希望讀者能瞭解兒童福利的內容，願大家一起關心、用心，督促相關單位，向歐美先進國家看齊，為下一代的福祉共同努力。

我國兒童福利思想有紀錄者始於三千多年前易經的「蒙以養正」，其次在二千多年前孔子禮運大同篇的「幼有所長」，另提出了「幼吾幼以及人之幼」的博愛精神。此後周朝、春秋戰國時代、漢、唐、明、清等歷代措施，斑斑可考。民國肇造，西風東漸，融合了東西文化之衝擊，兒童福利的理念及作法大有進步，民國六年成立了「慈幼局」，民國九年改名「北平香山慈幼院」，民國十二年燕京大學首開「兒童福利」課程，民國十七年成立「中華慈幼協會」，民國二十年明定四月四日為兒童節，民國二十七年，設立「戰時兒童保育會」，民國三十至三十五年召開三次全國兒童福利會議等等，至此說明了我國自古以來兒童福利工作進展的情形，這些經驗，也隨著政府遷台而帶至台灣來。

政府遷台以後，由於受到經濟、教育、內政、社會等各方面的進展，以及世界潮流之影響，兒童福利更有長足的進步，例如：托兒所、幼稚園林立，國民就學率提高，婦幼衛生保健的重視，兒童遊樂場的增建、不幸兒童的照顧、殘障兒童福利的推進、召開兒童福利研討會、兒童福利法的頒訂、教保人員的訓練、兒童局的設立等等，都顯示兒童福利在台灣的實施情形，又比大陸時期進步許多，然而，和歐美先進國家比較，我們確仍有所不足，在此筆者願以台灣的兒童福利現況作一扼要說明，與讀者分享。

兒童福利服務的內容

要介紹台灣兒童福利現況時，吾人應先瞭解兒童福利服務的內容應該包括那些？作為介紹本文的架構，本文擬採美國福利學者卡督訓（Kadushin）和馬丁（Martin）所提出的「兒童福利服務系統圖」（如圖二）為依據，加以說明之，二氏將服務內容分為三類，介紹如下：

支持性兒童福利

所謂支持性兒童福利服務是指家庭及親子關係，家庭結構仍然完

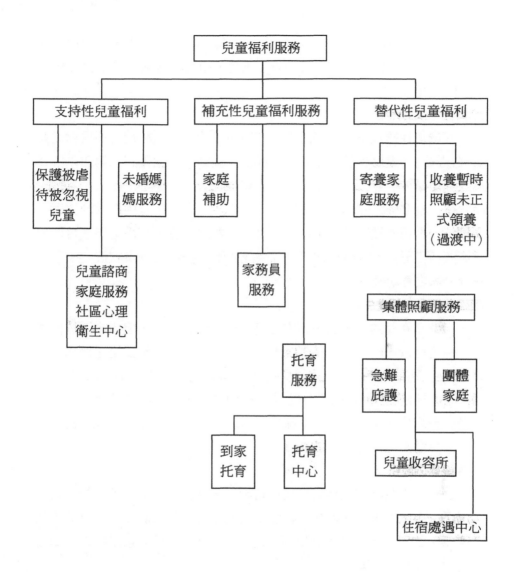

圖二 兒童福利服務系統圖

資料來源：Kadushin, A. & Martin, J. A. (1988). Child Welfare Services(4th Ed.) N. Y. Mlacmillan Publishing Co.

整，但家庭成員間，尤其兒童可能遇到困擾或不必要的傷害，而由服務人員的介入，支持、強化父母的親職角色，讓兒童過較正常的生活，其工作內容有三：

被虐待兒童的保護

我國於民國八十二年修訂之兒童福利法第二十六條規定不得對兒童「身心虐待」，違反者重則需負刑事責任，輕則依兒童福利法第四十四條規定除罰鍰外，並公告其姓名。兒童周圍之人（如醫生、護士、老師、保育員、警察等）知悉兒童被虐待時，需於二十四小時內向當地主管機關報告，否則會被罰鍰，不過公布迄今，並未落實，甚為可惜。目前遇有被虐待之兒童，各縣市政府大都委託各地家扶中心妥為安置，少部分轉介公家之育幼院。

諮商服務及心理衛生中心

台北市在民國六十四年即成立兒童福利諮詢中心，但後來因故停辦了，甚為可惜。後來就沒有專設機構，一般諮詢業務都附屬在機構內，如國立台灣師大特教中心附設特殊兒童諮詢專線。在心理衛生服務方面，台大醫院兒童心理衛生中心應是國內唯一專設的專業機構，其他的機構如台灣省北區、中區、南區社區心理衛生中心等除了對成人提供服務外，兒童亦在服務範圍之內。

未婚媽媽的服務

對於未婚媽媽的服務可以包括諮詢、未婚生子女收養等，相關機構均辦理。至於僅為未婚媽媽收容服務之公立單位並未設立，私立機構則有數家，如天主教福利會未婚媽媽之家（台北）、天主教露晞未婚媽媽服務中心（台南）等。

補充性兒童福利

所謂補充性兒童福利服務是指因父母親無法執行適當的親職角色，

嚴重的傷害親子關係，但如果透過一些服務，則子女仍能繼續的生活在家庭中，讓兒童過正常的生活，其工作內容有三：

家庭補助

我國兒童福利法第十四條規定父母失業、疾病、父母一方死亡、父母雙亡，其親屬願代為撫養，未經認領之非婚生子女而經濟能力有問題者予以家庭補助，目前政府每個月對低收入戶、生活照顧戶提供家庭補助，金額省市不一，補助項目以台北市為例，包括家庭生活補助、急難救助、喪葬補助、災難救助、學費補助、年節慰問、醫療補助等。在私立機構方面，家庭扶助中心有此項服務工作。

家務員服務

家務員服務是針對母親角色無法發揮功能的家庭提供服務。目前我國並無此項制度。以後似可增加此項服務，滿足家庭之需要。

托育服務

我國托兒所數目有越來越少的趨勢，論其原因，較重要的四點為：(1)地價昂貴，許多原有托兒所停止招生，改建大樓或變更商業用途，獲取更多之利潤；(2)房地產昂貴（尤其是都市），想開托兒所者卻步；(3)立案之法令嚴苛，甚而僵化，想立案都無法立案；(4)幼兒人口數遞減，招生不易，致使接受托育的幼兒人數減少。如果加上就讀幼稚園的幼兒，我們相信有為數不少三至六歲的幼兒待在家裡，無法接受托育或幼稚教育，這是值得政府深思的問題。最值得注意的是全國公立托兒所數量不多，托兒服務原本是政府責無旁貸的事，如今都放任由民間辦理，政府之心態非常可悲，其對幼兒之不重視可見一斑。

替代性兒童福利

所謂替代性兒童福利服務是指兒童於家庭中已陷入非常大的困境或有危險的境地（如父母雙亡、父母一方死亡另一方無力照顧、父母雙雙入獄或重病、被嚴重虐待等），而必須福利服務的介入。替代性的服務方式有三：

家庭寄養

　　家庭寄養通常是因家庭中發生變故，子女必須暫時性的被安排在其他家庭，我國民間對此措施並不熱衷，辦理家庭寄養之單位，以政府委託民間的家庭扶助中心最多。另有少數兒童不適合寄養在家庭，而必須住在育幼院或教養院，在國外稱爲團體之家（group home）。

育幼院、教養院

　　一般而言，兒童被收容在育幼院或教養院是很不得已的事，除非兒童父母死亡，或一方死亡，他方必須工作以維持生計者。此外，身心障礙兒童大都被安置在教養院，如台北市陽明教養院、南投啓智教養院、台南教養院等，私立身心障礙教養院也爲數不少。

領養

　　當兒童父母雙亡，或一方死亡而子女眾多無法照顧時，考慮子女被人領養，我國兒童福利法第二十七、二十八、二十九條對收養有不錯的規定，例如：應考慮兒童之最佳利益、兒童滿七歲時，其意願應受尊重並得與收養人在收養前先行共同生活一段時間，需經法院認可，宣告終止收養之規定，該法後面亦對養父母如有不當措施時，訂罰則。立法雖好，可是目前並沒有落實法案，一般而言，仍常看到黑市安置（營利性收養）的情形。

沈痛的呼籲

　　誰最不守法，答案是政府。兒童福利法已修正公布多年，但各級政府卻常無視此法的存在，筆者特提出幾點沈痛的呼籲：

1. 請戶政、衛生、社會主管機關落實出生通報系統。（兒童福利法第二條，以下各條指同一法）。
2. 請警政機關建立殘障兒童指紋資料。（第二條）
3. 請教育部儘速規劃兒童之母語及母語文化教育事項。（第七條）

4.請各縣（市）政府更積極對發展遲緩之特殊兒童提供早期療育服務。（第十三條）

5.請醫師、護士、社工員、臨床心理工作者、教育人員、保育人員、警察、司法人員及其他執行兒童福利業務人員落實被虐待兒童責任報告制。（第十八條）並請社政主管單位監督之。

6.請各縣（市）政府更積極創辦托兒所，兒童福利服務中心、兒童康樂中心、兒童諮詢中心、兒童醫院、兒童圖書館等。（第二十二條）

7.請內政部長、省（市）長、省（市）社會處（局）長、各縣（市）長、各縣（市）社會局（科）長等首長將兒童福利列入施政重點。

8.請各級民意代表多多以「兒童福利」有關事項列入質詢重點。

31

幼兒行為輔導（1）：系統減敏感法
——降低幼兒恐懼情緒

所謂初生之犢不畏虎，三個月大的嬰兒是既不怕貓也不怕狗，但後來爲什麼會害怕呢？「系統減敏感法」對於輔導幼兒懼怕、恐懼的情緒，將有不錯效果……。本單元起，我們將陸續介紹代幣法（幫忙做家事）、嫌惡制治療（沒收拾玩具）、個人中心治療法（自己穿衣服）、社會學習法（吃飯吃太久）等方法，供父母參考。

小谷是我三歲可愛的女兒，平時常常會帶她在社區內的巷道、公園散步，小小的生命就顯現出對這廣大社會的好奇。一花一木、螞蟻小蟲都會讓她駐足圍觀，我也順勢參與她的觀察，並給予一些解說，一則滿足她的好奇心，二則滿足她的求知欲。可是，儘管她對外界充滿了好奇，也積極的去探索，唯獨對較大型（對她而言）的動物，如貓、狗等，卻表現出既期待又怕被傷害的趨避衝突中，內心充滿了矛盾。雖然幾次對她信心喊話，也示範撫摸貓狗的動作，但她還是在渴望中與之保持距離，於是讓我興起輔導的念頭。

系統減敏感法

系統減敏感法（systematic desensitization）對於輔導幼兒「懼怕」、「恐懼」的情緒會有不錯的效果。顧名思義，系統減敏感法就是有系統地降低幼兒恐懼、害怕的情緒。一般而言，所謂初生之犢不畏虎，一個三月大的嬰兒，是既不怕貓也不怕狗，但是後來為什麼會害怕呢？原來在她成長的過程中，不斷地接收到一些不當的訊息，如：狗會咬人、野貓好髒……，終致幼兒害怕貓、狗等小動物。因此，在輔導上，我們可以從下列幾個步驟來著手：

1. 瞭解幼兒到底在怕什麼？例如：怕狗會咬我、貓會咬我、狗狗身上好髒、貓咪的毛有小蟲蟲……。
2. 瞭解幼兒害怕貓狗的層次：例如：我們可以問小貓咪的那裡比較可怕？也許她會說：張開嘴巴時，牠的牙齒好可怕，牠的臉好可怕。再問幼兒：小貓咪的那裡比較不可怕？也許她會說：尾巴不可怕。
3. 放鬆訓練：當幼兒碰到引起她緊張、恐懼的情境時，教導她放鬆心情。例如把注意力集中在遊戲活動中，不要去理會引起害怕的東西，保持內心的平靜。

4.在想像中接近引起恐懼的東西：幼兒想像力豐富，可以讓她以遊戲的方式或講故事的方式，讓她接近引起恐懼的東西，而且是有系統的、慢慢的由最不怕的地方接近，如前述第2項中，由貓的尾巴開始接近。

5.在現實中驗證：實際接觸引起恐懼的情境，如同前述第4項所列，由最不怕的先來，慢慢地接觸較可怕的情境，如此漸進實施，終能化解幼兒的懼怕情緒。

輔導實務介紹

由於家裡沒有養貓，於是利用一個周末假日，向同事借來一隻小貓。於是就展開了輔導工作：

小貓裝在紙箱內，箱子的蓋子是往上掀的，不時發出寂寞的叫聲，在一旁的小谷想探頭去看，又顯得有點膽怯，雖然有我在旁加油壯膽，可是小谷還是不敢逼近。此時我趨前將小貓抱出來，小谷連忙退了兩步，我喚她前來看貓，她就是不敢。

此時我便問小谷，為什麼怕貓？那裡最可怕？那裡比較不可怕？最後得到的結果，由最可怕到不可怕的次序為：牙齒、眼睛、身體、腳、尾巴。

接下來，為了緩和小谷的恐懼情緒，我就和她一起唱耳熟能詳的兒歌「小花貓」：咪咪小花貓，咪咪小花貓，快來吃飯，快來吃飯……。

等到小谷情緒稍緩後，我坐到沙發上，將小貓放到我的左邊，並試圖喚小谷坐到我的右邊，起初她有點不敢，後來我就拉她的小手，半推半就的讓她坐在我的右邊，然後一邊繼續唱「小花貓」。

一邊唱著，一邊唱著，我將貓的頭（小谷最怕的部分）轉背向他的方向，讓貓的尾巴（小谷最不怕的部分）朝向小谷這邊來，我輕輕地撫摸著小貓的尾巴，此時小谷露出羨慕又期待的表情，我趁勢拉她的小手

一齊來摸小貓的尾巴，但她還是不敢。於是我告訴她，用一隻手指頭來
碰觸一下就好，此時她想碰又不敢，於是我很快的用力拉她的小手碰了
一下，終於碰到了，而且也「沒怎樣」，一邊再鼓勵她，一邊再拉她的
小手來撫摸。

　　接下來，將貓放在我腿上，貓的尾巴伸到小谷這邊來，有了先前好
的經驗，再加上我的鼓勵，她更「大膽」的摸著尾巴、貓的身體，最後
我把貓抱到我和小谷的中間，而小谷先前的恐懼也消失了，盡情的撫摸
貓的全身，小谷對我說：「媽咪！我好勇敢！我不怕貓。」

32

幼兒行為輔導（2）：代幣法
——鼓勵孩子的好行為

三歲的小里每天沈溺在遊戲與玩具當中，過著無憂無慮的生活。白雪公主、阿拉丁、美女與野獸、小美人魚、小飛俠的錄影帶百看不厭，許多兒歌琅琅上口，我想「快樂的童年」大概就是如此吧！然而，在我忙碌的時候，有時想請她幫個忙、拿個東西，總是不得要領，似乎這些日常雜事，與她在幻想中的日子無關。儘管如此，我覺得三歲小孩可以學做點家事，倒不是為了可以減輕我的負擔，而是為了增進親子關係，而且賦予她一點責任，如此將可促進她的成長，於是我選擇了代幣法。

什麼是代幣法？

　　代幣法源自行為學派，利用正增強物（如糖果、餅乾、玩具等）來獎勵兒童一些好的行為（如有禮貌、幫忙做家事、分享玩具等），或者兒童在被糾正一些不好的行為時，如表現良好也可以用正增強物。

　　然而，當兒童需要被鼓勵時，每一次給她吃糖果、餅乾，有可能吃壞肚子，至少會影響食慾；若要給她玩具玩，而玩具的價格便宜時，每次給予鼓勵當然沒問題（如貼紙），但若玩具的價格較貴時，每次給予增強，恐怕經濟負擔太重，此時代幣法就可以派上用場。例如可以剪十張卡片，若每次表現良好時，給予卡片一張，集滿十張後，就可以換取她想要的東西，有時也可以在紙上畫圈圈，每次表現好時，畫一個圈圈，滿十個圈時，可以得到她想要的東西。

遵循實施原則

　　用代幣法來改變幼兒的行為，要遵循下列幾個原則：

1.正增強物的選擇：用以鼓勵幼兒的正增強物，最好是幼兒喜歡的，如此效果會較好；若是幼兒不喜歡此一正增強物，效果會打折扣，甚至沒有效果。
2.訂立合同：要訓練幼兒某種行為，如何給正增強物？給什麼正增

強物？要與幼兒訂立合同──約法三章，明確可行，效果會較好。

3. 減少或終止正增強物：當好的行為逐漸形成，或不好的行為逐漸去除時，正增強物可以慢慢降低給的量或頻率。因為給正增強物是手段，建立好的行為或去除不好的行為才是真正的目的，既然目的已逐漸達成，正增強物可以逐漸撤離，以免養成功利主義的心態。

4. 兌現時間：正增強物就給予的時機，也關係訓練的成敗，最好的方式就是立即增強，亦即好的行為出現時，立刻給予「代幣」，集滿規定的數目時，儘快兌現諾言；延宕增強時間，可能會削弱已完成的行為。有些父母甚至會有「毀約」的現象，這可能會造成幼兒日後對父母或他人的不信任感。

與孩子討論實施步驟

理論上，幾歲的幼兒可以教導做家事，並沒有明確的規範，但我平日觀察小里的遊戲行為、動作技能，我認為已到了訓練的時機。於是我和小里談一談實施的步驟：

1. 誘因──正增強物：經過一番討論後，選定帶她去「動物園」為正增強物，亦即獎賞物，之所以選擇這個正增強物，除了因為這是她的最愛外，不希望給她食物，食物是較低層次的獎賞物。到動物園還有教育的功能，可以說是一舉兩得。

2. 代幣：在輔導上所使用的代幣通常是卡片（獎卡，尤其是蓋有笑臉的獎卡），或是在牆上貼張紙條，寫上她的名字，在名字下畫十格，表現良好就畫一個圈圈，十格畫滿，正增強物就會出現。對於小里的輔導，我則採用「皮卡丘」的小貼紙，因為她喜歡，這種方法我把它稱為「雙重贈獎」，先集小獎（貼紙，她喜歡

的），再換大獎（帶去動物園），如此我發現效果良好。

3. 受獎合同：選擇一些小里可以做到的家事，例如：將衣服收到衣櫃、將垃圾丟到垃圾筒、幫忙收東西、幫忙接電話（並注意電話禮貌）……，有聽話做家事給一張貼紙，集滿十五張時帶她去動物園一次，我控制在從週一到週六剛好集十五張，週日則帶她去動物園作為酬賞，如此帶她去二次，她玩得好開心。

4. 修改合同：小里會聽話幫忙做家事，幾乎已建立「習慣」，如此我又和她商量，只有「自動」幫忙才有獎，起初她常「忘記」幫忙，後來會慢慢自動幫忙了，小里幫忙做家事的行為就這樣建立起來了，小里除了去過幾次動物園外，我也帶她去別的地方玩，小里高興，媽媽更高興。因為小里成了小大人，會自動自發做家事了。

幼兒行為輔導（3）：嫌惡治療法
——讓孩子收玩具有「撇步」

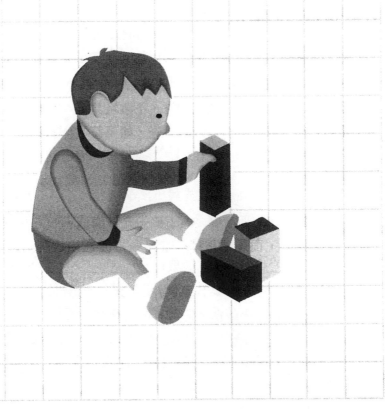

每天下班回家後，先是逛個黃昏市場，採購點晚餐的補給品，再到托兒所把小均接回來，此時擺在眼前的一大堆家事——倒垃圾、收衣服、煮飯……。如果小均合作的話（不吵不鬧），做這些事還好辦，如果一吵鬧，什麼事都甭做了。為了製造這種情境，我總是儘可能的給她搬些好玩的玩具，我可以安心的、一件一件的把家事解決掉，等辛苦的先生回家用晚餐，共享天倫之樂。

如此，日復一日，我總覺得有做不完的家事，因為小均每次都把玩具玩得滿地都是，最後當然還是由我這個老媽子來收拾，徒增我的工作量。然而，小均漸漸地長大了，到了四足歲時，我總覺得這樣下去不行，於是看書並請教專家，開始輔導這種不收玩具的行為。

什麼是嫌惡治療法？

嫌惡治療法是行為學派的一種治療方式，主要是把小孩子不喜歡的刺激、痛苦的刺激（如電擊、服用催吐劑而使之嘔吐、體罰、責罵等）與不當的行為（如說謊、愛吃零食、不收玩具等）同時出現，讓小孩出現不當行為時，身心就有痛苦的感覺，如果每次都如此時，小孩子的不當行為就會慢慢的減少，最後就不再出現了，而達到治療的目的。嫌惡治療法在治療過程需要注意以下的幾個問題：

1. 治療動機：治療前要先與小孩子充分溝通，一方面讓其知道行為是錯誤的，而願意被輔導；另一方面在治療時爭取小孩子的合作。
2. 教育：治療時為讓其效果更好，應配合教育、宣導或灌輸小孩子的觀念和想法，讓小孩子知道怎麼做才是對的。
3. 取代：禁止小孩做某件事就像是把路堵死了，應該再為他們開另一條路，亦即給其他合適的行為，以取代不合適的行為。
4. 將副作用降至最低：前述所提的嫌惡刺激，如電擊、服用催吐

劑、體罰、責罵等都有副作用，尤其對小孩子而言。因此，對小孩子的治療，應想出副作用最小的嫌惡刺激物。

5.嫌惡刺激必須是小孩子所討厭的刺激，否則治療的效果將大大的降低。

6.治療過程中，嫌惡刺激必須與不良行為同時出現，如果提前或延後出現，效果將降低。例如大人的戒酒治療中，常在酒中放入催吐劑，讓當事人酒精下肚後，就立刻嚐到嘔吐的苦果。

7.嫌惡刺激不可超過小孩子所能忍受的程度，例如過度的毒打，可能讓小孩子皮肉受傷、自尊心嚴重受創。

適時給予教育

經過了上述理論的探討，接下來就談談如何治療小均不收玩具的行為。

首先就是要選擇「嫌惡刺激物」，對於我的心肝寶貝──小均，我當然不會選擇治療成人所用的電擊、催吐劑，我應該選擇的是副作用最小而且有效的方式，經由平日對她的瞭解，我採用的嫌惡刺激是「如果妳不收玩具，媽媽就不喜歡妳了」──我知道小均很不喜歡聽這一句話，所以我認定應該有效，而且副作用也不至於太大。

其次，輔導開始，每當小均沒收玩具就要轉換遊戲或活動時，如跑到外面玩、吃飯、吃點心、睡覺、和爸爸談天等行為時，我就會放下工作，走到她前面，蹲下來對她說：「小均！妳玩具玩得滿地都是，媽媽不喜歡不收拾玩具的小孩！」當小均聽到這些話時，有時會很快的把玩具收好，我就適時的鼓勵她。

有時會面有難色，表現出不願意的樣子，這時我就會適時的給予教育，例如：「你不收，由媽媽來收，媽媽是不是很辛苦？」通常小均會有同理心，還是把玩具收好了。如此經過一段時間的訓練，小均終於會

收拾玩具了。雖然偶爾會忘記，但經過提醒、暗示之後，仍然收得很好。

避免負面情緒發酵

前已述及，嫌惡治療法是不得已才做的治療法，就像體罰一樣，有它的副作用，試想想看，小均通常都以我當她的依附對象，依附對象不喜歡她時，她的內心應該會有恐懼、缺乏安全感、心慌的現象，因此，為免這些負面情緒持續發酵，事後應多加安撫，並且不要忘記說：「媽媽好喜歡小均」、「媽媽好愛小均」。

34

幼兒行為輔導（4）：個人中心治療法
——訓練孩子生活自理能力

「媽！幫我換衣服，我要穿漂亮的衣服！」

「爸！我要穿這一件，請你幫我穿！」

三歲的小谷幾乎從早到晚，都會要求幫忙穿衣服，上托兒所前要求穿圍兜，出去作客要求穿漂亮的衣服，洗完澡、要求穿乾淨的衣服，睡覺前要求穿睡衣⋯⋯。

其實，能為可愛的寶貝兒女服務是件愉快的事，尤其是看著本來合身的衣服慢慢地不合身了，以至於不能穿，一方面心疼辛苦賺來的血汗錢又要破費了，另方面很高興她又長高、長胖了。然而，雜誌、書本上一再的提到要讓小孩子獨立，不能老是幫著小孩做事，要訓練小孩子生活自理能力。於是我選擇了個人中心治療法。

什麼是個人中心治療法

個人中心治療法是由人本心理學家羅吉斯（Rogers）所提倡，又稱為非指導式諮商，也就是說，治療者相信案主具有解決個人問題的潛能。因此，對於三歲的小谷，我們要承認她可以自己穿衣服——只要我們給她機會。以此方法輔導個案時，應注意下列幾個方向：

1. 既然是「非指導式」，所以在「輔導」她穿衣服時，就不要做任何指導，要承認她有能力自己穿。
2. 有效的引導：這裡所謂「引導」，絕非「指導」，指導是告訴幼兒如何做，而引導是先承認他自己會做，「輔導」者的角色是引導他自己去想、自己去做，終獲成功。
3. 評估：既然個人中心治療法是由幼兒「自行」解決問題，因此，當我們要採用這種方法時，要確定幼兒真的有能力解決。現在他之所以不會或不能，乃因他沒找到方法，所以我們要給他引導。
4. 由簡單而複雜：解決問題的方法有很多，既然要幼兒自行解決問題，為避免讓幼兒挫折與失敗，應先提供他最簡單易行的方法，

讓他在成功的經驗，得到自信，然後才進行複雜的嚐試。

訓練孩子學習穿衣服

介紹了理論上的原則及方法以後，接下來談談我如何爲小谷訓練穿衣服。

準備階段

訓練前的準備動作，關係訓練的成敗，故一點都不能忽略。

1. 引起動機：告訴小谷：「哥哥、姊姊會自己穿衣服，小谷長大了也要學會自己穿衣服。」或說：「小谷如果會自己穿衣服的時候，會給什麼獎品。」以獎品來當誘因，也是一種手段。
2. 選擇衣服：由於要訓練他自己穿，所以要選擇好穿的衣服。對於一位三歲的小孩，細動作能力、協調能力還不是很好，太緊的、太合身的、釦子小的都不合適。所以要爲她選擇較寬鬆的、釦子大的、釦子少的衣服，如此方便訓練。

訓練階段

在引起動機，也選擇好衣服後，開始訓練。訓練時不用急躁，可以在遊戲中進行。步驟如下：

1. 「小谷！妳知道怎麼穿衣服嗎？妳會自己穿衣服嗎？妳猜猜看！穿衣服第一步要怎麼樣？猜對有獎品喔！」——完全沒有指導，只是用這些語言引導她導入正確答案，讓小谷把右手伸進袖子裡面。
2. 經過鼓勵後，再開始引導下一步：「接下來要怎麼做呀！平時媽媽怎麼幫妳穿衣服，記得嗎？想想看！妳會的，妳好聰明，再想

想看」——直到她得到正確的答案。由於先前選的衣服較寬鬆，所以她可以順利的將左手伸入袖子裡。

3.再加以鼓勵，繼續引導下一步：「接下來怎麼做呀！妳好聰明啦！妳應該知道的！猜猜看！下一步是什麼」——直到小谷知道要扣釦子，由於先前選的衣服釦子較大，所以她可以順利地扣釦子，如此整個穿衣服的過程就結束。

當小谷大聲地、高興地說：「我會自己穿衣服了。」媽媽也會覺得很有成就感。

以上的訓練，我們可以確定全程沒有教導小谷如何做，只是引導她去想、去嚐試自己穿衣服。人本心理學家強調人是有潛能的，透過這樣的訓練，我們也相信小谷是有能力自己穿衣服的。

35

幼兒行為輔導(5)：社會學習法
——改善孩子吃飯速度

阿里是個活潑、快樂、好動的小男生，體力充沛、外向樂觀，十足讓我喜歡的男孩，唯一讓我頭痛的是吃飯時間，他吃飯在沒有人干預的情況下，總是要吃一個多小時，講也講了、罵也罵了，獎勵與處罰也用了，就是無效。有時會想要自己親自餵他較快，以免飯菜、湯冷了。可是這樣一來不但讓他養成依賴性，而且也喪失了學習吃飯的機會，所以還是讓他自己吃；不過，我相信吃飯太慢是可以治療的，我採用的是社會學習法。

什麼是社會學習法？

社會學習法又稱模仿法或示範法，是由美國心理學家班都拉（Bandura）所提出。他認為我們人的行為可以透過觀察和模仿來獲得改善，說明如下：

觀察

「見賢思齊」、「身教重於言教」、「近朱者赤、近墨者黑」，這些話語，都顯示了「觀察」確實存在幼兒的生活世界中，而且幼兒的眼睛是雪亮的，大人的一舉一動都是幼兒觀察的內容。因此，在教育上，我們儘可能的安排一些幼兒「待學習的情境」來讓幼兒觀察，同時去除掉一些不好的情境，以免產生不當的學習。基於此，在對阿里的教育上，我認為可以安排吃得比較快的大人或小朋友與他一齊吃飯，讓阿里能夠透過觀察來「見識」一下別人是怎麼吃飯的。

模仿

通常簡單的行為可以透過觀察，但是較複雜的行為則除了觀察外，還是需要模仿才可能學會，例如：幼兒學會游泳，光靠游泳教練的示範動作是不夠的，還要一步一步的模仿與練習，動作熟練了，自然就會游泳。基於此，對於阿里的教育，如果在吃飯的動作上，有比較複雜的行

為時，除了觀察以外，還是可以讓他模仿與練習。

透過學習獲得改善

介紹完理論的部分後，接下來便可以介紹實務教學原則。為了促進學習的成功，仍需注意下面幾件事：

1. 漸進方式：不要操之過急，目前阿里吃飯的時間是一餐吃一個多小時，所以在訓練時應該先減為一小時、四十分，最後以一餐二十分鐘為目標。
2. 慎選增強物：增強物介入訓練工作，是手段而不是目的，但增強物是一個很好的誘因，可以促進目標「吃飯吃快一點」儘快達成，增強物的選擇應是阿里所喜歡的，效果會更好。
3. 食物的製備：訓練初期，為了讓目標更容易實現，在食物製備上，最好採用容易吃（即不需太多咀嚼、容易下嚥）的食物，如粥、麵條、蒸蛋、沒有刺的魚肉，或其他較嫩的青菜或肉片等。
4. 情境安排：吃飯吃得慢，有很大的因素是情境的干擾，所以訓練之時，儘可能排除一些干擾，如玩具、圖畫故事書、電視等，避免分心，讓幼兒可以專心吃飯。

選擇模仿學習對象

社會學習法重在學習對象的選擇，最好不要選大人，因為他會認為大人本來就應該吃得比較快，所以我選了鄰居的一位年紀相仿的小男生，平時就聽他的媽媽講「沒有吃飯」的困擾。所以我就利用周日中午的午餐時間來訓練，向隔壁陳太太「借」來她的小孩到家中作客，中餐特別烹調容易下嚥的菜單，包括：蝦仁蒸蛋、糖醋魚片、清炒嫩莧菜及湯麵。

訓練時採用比賽的方式，看看誰吃得快，並約定飯後以「布丁」（兩人都喜歡）爲正增強物（獎勵）。把餐桌的「雜物」清掉。如此可避免小孩邊吃邊玩。小孩子用餐時，我則坐在旁邊加油打氣，並時時要阿里觀察、模仿另一位競爭對手是如何用餐的。比賽結束，當然是我的寶貝阿里失敗。爲了給他們鼓勵，第一名的小朋友得到布丁一小盒，至於阿里得到「進步獎」，也是布丁一小盒，有人競爭、觀察、模仿，阿里用餐的速度快了許多。

　　之後，有機會就繼續向鄰居借小孩，因此阿里進步很快。接著改由我當作他社會學習的對象，我故意將勝負訂在「各半」，亦即他贏一次，我贏一次，如此「玩」起來才有趣。最後改爲他自己吃，沒有觀察與模仿者，雖然初時阿里有一點退步，但經我一再的鼓勵，還是得到讓人滿意的成果，到外面用餐時，他還會對我說：「媽媽！我吃飯好快了！」。

幼兒行為輔導(6)：心理劇
——瞭解孩子內心世界

由於我工作的關係，再加上小均適應力不錯，在小均未滿三歲時就我送她進托兒所的「幼幼班」，雖然解決了「托兒」的問題，但心中仍有太多的不捨──人雖在辦公室，心中卻惦記著在托兒所的她，有沒有乖？有沒有被欺負？有沒有吃飯？……真羨慕全職媽媽，可以在家陪小孩，和小孩共度人生只有一次的童年；即使小孩上托兒所，也可以到托兒所「參與教學」、「當義工」，可以跟小孩在一起。當然，對我來說，這些都只能是幻想，於是總要想想辦法。

心理劇──診斷與治療

除了利用接送小均的機會與托兒所老師聊聊外，偶爾也用電話的方式瞭解小均在托兒所的種種。當然，有時候我也意識到老師有所隱瞞，於是我不得不採取一些行為，我所用的方法是心理劇，它可以藉由瞭解而診斷，由診斷而治療。

心理劇是由默說諾（Moreno）所創設，它的基本理論有下列幾個：

1. 一般人在日常生活中，總會有一些不愉快，痛苦的經驗壓抑在內心的深處。
2. 基於人類特有的「心理防衛」，這些不愉快的感受通常「不足為外人道」。
3. 心理劇可以透過角色扮演的方式，讓人擺脫自我防衛的束縛，透過劇情的投入，不知不覺中把內心所壓抑的不愉快情緒宣洩出來。
4. 可透過當事人所宣洩出來的情緒，對當事人做瞭解、診斷，再加以輔導。

利用辦家家酒和孩子互動

　　談到心理劇，對許多人而言，常覺得高不可攀或高深莫測，但如果我把心理劇說成「扮家家酒」，那就好像沒什麼了，不過如果把心理劇的內涵，用扮家家酒的方式來和小孩子互動，效果幾乎是一樣的。利用居家生活與小均接觸的經驗，設計下列的活動，可以在相同或不同的時間、相同或不同的地點演出，如此可以蒐集到更真實的資料。

小老師與我

　　準備一些道具，例如圖畫紙、蠟筆、桌椅、小白板等，由小均當老師，媽媽當小均。基於觀察與模仿，我發現這位小老師，會講許多托兒所老師所講的話，而我也基於平日對小均的瞭解，講了一些小均可能會說的話，例如：「老師！我畫好了。」、「老師！我要尿尿。」、「老師！王怡平打我。」

　　類似這樣的扮家家酒活動，我更瞭解托兒所老師會不會罵小均、打小均，以及打罵的原因，用什麼打，還有罵那些話，因為這位小老師在劇中表露無遺。我也利用適當的機會與老師溝通，並且教導小均，日後我發現解決了不少老師、小均與我的三角關係。

老師與小均

　　如上第一幕，準備好「上課」的道具，這幕換成我當老師，小均當小朋友，我儘量揣摩托兒所老師的角色，教學的內容、方法，甚至於所說的話，如「忠仁！不要動來動去」、「小琳！妳好棒呀」、「小朋友！請大家安靜」。

　　經過不同時間、幾次的遊戲之後，讓我更瞭解小均在托兒所大致上的表現。有一次甚至於有一個重大的發現，當我故意斥責小均時，她嚎啕大哭、聲淚俱下，經過我的安撫之後，小均才慢慢說出在托兒所因為

「不乖」被老師處罰的一幕，幼小的心靈，壓抑這些不愉快的事，所幸，利用這次扮家家酒的機會，終於讓她有宣洩的管道，加上適時的安撫，可使傷害減到最低，但也讓我感到無比的心疼，真是莫可奈何，或許這就是成長所必須付出的代價吧！

　　總之，心理劇雖然在心理治療的領域中，是相當專業的方法之一。但我們將其原理與精神應用在「扮家家酒」上，確實可以發揮一些功效，孩子的確會把現實生活中的種種，不知不覺的投射在扮家家酒的遊戲中，讓父母更加的瞭解孩子，進而適時的輔導。

37

幼兒行為輔導(7)：認知療法
——扭正孩子的偏差行為

強強是托兒所小班中的「小霸王」，就如其名字一樣「強」，平日在托兒所中，他在玩的玩具是他的，別的小朋友在玩的玩具，只要是他看上了，當然也會變成他的，搶玩具、打人是他獲得玩具的方法；在戶外場所的鞦韆、浪船、溜滑梯⋯⋯，他也是不按「遊戲規則」，隨自己高興任意使用而從不與他人分享。推人、打人則是他驅趕其他小朋友捷足先登的方法。

在托兒所的小班同學，幾乎每一位小朋友都領教過他的厲害，甚至別班的小朋友也不放過，被欺負過的小朋友，有的哭、有的告狀、有的敬而遠之，老師束手無策，家長也莫可奈何。經過轉介，由我來輔導。

首先我開始找原因，原來這位小霸王是典型爺爺、奶奶寵過頭的小孩。強強上有姊姊，下有妹妹，但卻是張家唯一的男丁，所以平日爺爺奶奶疼愛有加，有好吃的，他優先；有好玩的，當然也是他優先，誰惹到他，包準會換來爺爺奶奶的一頓指責，就這樣，他成了十足的小霸王，即使到托兒所也不例外。

認知療法──改善偏差行為

用拳頭獲得玩具，很顯然的是強強的思想、觀念有所偏差，也就是「錯誤的認知」。因此，要輔導強強的行為問題，最好用認知療法。至於什麼是認知療法呢？認知療法的前提，通常是認為人的行為問題，是因為思想、觀念偏差所致，因此，在輔導上若能改變患者不正確、偏差的想法，其不當行為自然可以獲得修正。

由於認知療法的前提，是認為患者先有觀念上的錯誤或偏差，而以外顯的行為表現出來，所以在治療的程序上，就應該先做觀念的溝通，再進行行為的輔導，如此定可奏效。輔導時必須注意下列幾個原則：

要有耐性

一位患者，其錯誤或偏差的想法或行為，在形成的階段，通常不是

短時間造成的，而是日積月累逐漸內化到患者的思想體系，既然如此，在改變的過程，就不是短時間可以完成的，因此，在治療上需要有耐性，操之過急不但無法輔導成功，更可能造成治療者與患者的緊張關係和挫折感。

建立關係

由於認知治療法是要對患者作思想或行為的改變，容易引起患者的排斥與防衛，所以輔導開始，宜先與患者建立關係，爭取信任，如此才能增強輔導的效果。

配合其他治療法

例如行為學派主張的獎勵或鼓勵，也就是說，當患者觀念或行為作了部分修正後，就可以給他物質或口頭的鼓勵，如此增強患者修正的原動力，有利修正的速度及效果。

按部就班勿操之過急

由於強強的媽媽帶來請我輔導時，我與強強並不認識，但要輔導的內容先前已在電話溝通過，所以我胸有成竹，大概知道要怎麼進行。

第一步是建立關係，強強稱我「阿姨」，我稱他「強強」，為了「討好」他，搬出了家裡的玩具和水果來招待他，邊吃邊玩，很快地就把關係建立起來了。

第二步開始輔導，我為了避免小強產生防衛，所以不直接說：「你昨天把明明打哭了」，我採較間接的方式說：「明明昨天在托兒所哭了」，強強馬上警覺的說：「他的玩具都不給我玩。」於是我接著說：「那你就打他對不對？」強強面無表情的點點頭。

接下來我不直接說：「你有錯」、「打人的行為是不好的」，我告訴他：「如果我把你手上的玩具搶過來，你會怎麼？」強強趕快把玩具藏

到他的背後，於是我告訴他：「放心啦！我不會搶你的玩具，不過等一下你不玩了，可不可以借阿姨玩一下？」強強點點頭。於是我告訴他，以後在托兒所時，看到好玩的玩具，也可以跟小朋友說：「等一下可以借我玩嗎？」或者說：「我的玩具借你玩，你的玩具借我玩好嗎？」如此結束了第一次的輔導。

　　由於觀念的輔導不可操之過急，以後我一方面電話與小強的媽媽和老師聯絡，瞭解小強的情況有沒有改善，若當天有打人的話，我會用電話再和小強溝通，當然，也努力的跟小強的爺爺、奶奶溝通，兩個月後，小強的行為有明顯的進步了。

38 幼兒行為輔導（8）：家族治療法
——家庭錯誤管教案例輔導

小平是托兒所小班的小朋友，他的綽號就是「小偷」，大家都這麼說，因為他常常未經他人同意，就「拿」人家的東西，如玩具、蠟筆、紙張、餅乾……，剛開始他很不習慣這個綽號，會向老師及小朋友抗議，後來也就習慣了，老師對他束手無策，小朋友更沒輒，他成了托兒所頭痛的人物。

　　經過我和老師、小朋友和父母親的會談後，終於把問題的癥結找出來，原來問題出在於小平的父母親，尤其是他的爺爺、奶奶，家人常教他「好吃的要一起吃」、「大家一齊分享」、「好玩的要一齊說」，但沒有教他要徵得他人的同意。如果老師向父母親告狀時，父母的回話通常是說：「拿來玩一下有什麼關係」、「吃他一塊餅乾有什麼關係」……，錯誤的管教方式當然會造成小平的偏差行為，於是決定採用「家族治療法」，來治療小平隨便「拿」人家東西的行為。

什麼是家族治療法？

　　「家族治療法」是團體治療法的一種，它認為個人問題的產生，常常就是家庭出了問題，所以如果要改善個人的問題，應該先從家庭著手。這種方法的使用，由治療者加以引導，使家庭中的成員彼此把自己的觀念、想法、見解，或是積壓的感情都表露出來，讓家庭成員可以瞭解其他成員的想法，增加大家的瞭解，並由治療者作觀念的澄清與正反兩面意見的分析，讓家庭成員在知道自己的錯誤之後，能有修正的機會，如此可達到治療的效果。

　　由上所述，小平自出生後，原本是一個「純真」的小孩，但經過其家人三年的塑造，變成現今讓人非議的行為，就行為理論的觀點，就是家庭教育出了問題，也因為這樣，在托兒所內，任憑老師怎麼糾正，其效果總是很短暫，或顯得十分有限，原來家裡有一股強大的拉力，把他拉回原點。因此，在此一個案的糾正上，應該從家庭著手。

建立幼兒正確觀念

輔導的開始，我先訂立幾個步驟，然後按計畫實施，整個過程說明如下：

1. 建立關係：為了促進治療效果，和家庭成員建立關係是很重要的。建立關係之後，不但可以減少家族成員的防衛，還可以增進合作。於是我在和小平的父母親，約好一個晚上會談的時間之後，就逕自前往。

   前往之前，還不忘到便利商店買了一個小平最喜歡玩的玩具（打聽來的），如此很快就和小平建立起良好的關係。至於其父母親就好辦了，因為此案是屬「主動求助」者，所以其父母也自然很合作。

2. 問題描述：建立良好關係後，也取得了信任，於是我開始向家中的成員描述問題的現況，目前問題的現況有二：一是小平在托兒所所呈現的問題行為，二是家中父母的管教方式。而第一個問題是因第二個問題產生的，也就是說：小平是其父母及爺爺、奶奶錯誤的教導方式下出現的「代罪羔羊」——在他的身上突顯出問題來。

3. 問題診斷：經過了與三位家庭成員充分的溝通後，讓父母及小平承認彼此的問題，瞭解有哪些觀念是錯的：「拿來玩一下有什麼關係」、「大家都是同班同學借一下東西有何不可？」「吃他一小塊餅乾沒什麼大不了的問題，我們賠他一包好了！」……。

4. 輔導策略：由於父母及小孩均缺乏「物權觀念」以及「禮貌」問題，所以我訂出的輔導策略有三：一、「觀念的改變」——不要因為大家都熟了就「隨便」，該是別的小朋友的東西就不能占為己有。二、「物權觀念的建立」——強調東西都有它的主人，要借

用或持有，均應得到主人的同意。三、「禮貌教育」——強調小平向別的小朋友「借」或「要」東西時應有的禮貌。

為了執行更有成效，要求他們就從家裡做起。並規定獎勵措施，只要小平做到了，爸媽就給獎品；至於爺爺、奶奶的部分，就請小平的父母親與其溝通。

經過兩個星期，我再度訪問托兒所與小平的家中，發現小平進步很多，並與老師、父母作檢討、改進，相信小平將來會成為一個受歡迎的小朋友。

幼兒行為輔導（9）：正增強法
——鼓勵孩子持續好行為

從許多時間、場合的觀察、小眞就像其他的幼兒一樣——天眞、活潑、可愛，當然也會吵鬧、與人搶玩具等負面的行爲，面對這樣的孩子，原本她的父母並不忍再有什麼苛求，因爲小眞的發展都在「正常」狀態當中，但基於一般家長愛子、愛女心切，且希望能「更好」的期待之下，和我談了一些子女管教的問題。

言談當中，發現小眞的父母常用較嚴格的管教方式，以至於使她出現了一些比較退縮、膽怯的行爲：而其平日表現常顯得比較「乖」，是因爲怕被處罰，基於上面的描述，如果要小眞更好的情況下，我向父母推薦最好，且廣爲運用的正增強法。

什麼是正增強法？

根據張春興教授在《現代心理學》乙書中提及：凡是個體反應後帶來的刺激物能強化該反應者，該刺激物即稱爲正增強物。由正增強物的出現對個體反應所產生的強化作用，稱爲正增強（作用）。因此，對幼兒所採用的正增強法，通常是用食物（如水果、冰淇淋、汽水等）、玩具（如洋娃娃、小汽車、小飛機等），或者口頭讚美、拍手等方式來鼓勵好的行爲。

正增強法源自行爲學派，認爲我們要管教小孩，只要在小孩的學習環境作一些設計，例如提供一些正增強物，就可以誘導幼兒從事正確、合適的行爲。

事實上，不只是幼兒，即使是成人也是一樣，成人也難逃獎金、禮物、升遷、記功、獎狀、獎章的誘惑，而這種方法可以說是效果最好、副作用最小的，值得爲人父母、老師們參考及應用，其方式及注意事項說明如下：

1.增強物的選擇：增強物是誘使幼兒從事正確行爲的催化劑，其種類有：

．食物類：糖果、餅乾、冰淇淋、果汁、果凍等。

．物質類：玩具、蠟筆、故事書、漂亮衣服等。

．社會類：擁抱、親吻、呵護、讚美、摸頭等。

．活動類：到公園玩、郊遊、逛百貨公司、當小老師等。

．代幣類：錢、分數、畫圓圈、給獎卡等。

2.個別差異：每一位幼兒喜歡的東西都不一樣，因此，正增強物的給予必須是幼兒喜歡的，如此對好的行為的建立，其效果才會最好。

3.給予的時間：為了讓增強物發揮最大的效果，當幼兒有好的表現時，應該立即的給予，若給予增強物的時間相隔太長，將會影響日後的訓練效果。

4.審慎為之：有些增強物的給予，可能傷害了幼兒，例如：糖果可能會讓幼兒蛀牙、餅乾可能會影響正餐、給錢可能養成功利主義，宜謹慎為之。

5.是手段而非目的：切記！增強物的給予是一種手段，其目的是希望幼兒有好的行為出現，所以當幼兒好的行為已出現，且持續、穩固的出現這種行為時，增強物的給予，宜漸漸減少，而最終是不再給予或改為社會性增強，如此好像告訴幼兒：你本來就應該做好，不需要任何獎勵。不過如果停止給增強物後，先前建立的良好行為，有可能因沒有被鼓勵而不再出現（消弱），因此，可以偶爾再予增強，但改為社會性增強較佳。

你可以這樣獎勵孩子

經過了前面的介紹，我與小真的父母做充分的溝通，希望父母親在家中隨時準備一些小真喜歡的東西當增強物，如果較貴的東西就用獎卡（代幣）的蒐集來鼓勵，每十張獎卡可換該獎品，當然社會性增強更需常

常使用，父母嘴巴要甜一點，不要忘了常常讚美幼兒。實務上的規則列舉如下：

    1.別人給東西有說「謝謝！」，獎品是果凍一個。

    2.不小心撞到別人有說「對不起！」，獎品是貼紙一張。

    3.有幫忙做家事，如幫弟弟收玩具、拿衣服，獎勵是抱一下。

    4.集五張獎卡帶她去麥當勞吃兒童餐。

    5.集十張獎卡帶她去動物園或兒童樂園玩。

    遊戲及獎勵規則可以更有彈性，並機動調整，實施了一個月之後，小眞的父母告訴我：「小眞越來越懂事了。」我想他們正在享受輔導成功的果實。

幼兒行為輔導（10）：懲罰
——如何制止孩子的危險行為？

強強兩歲半，是一個好動的小孩，尤其家裡的東西，只要他能力所及，總是翻箱倒櫃，有時甚至會破壞東西。對他而言，我深深地知道他有強烈的探索性，這是一種好的學習行為，也代表他有強烈的學習動機。但這使我不勝其擾，常常要為他做善後的工作。然而，只要能滿足他的求知欲，我也樂於為這個小寶貝服務，甘之如飴。

　　可是最讓我受不了的是，他會去玩廚房的瓦斯開關，這可不是鬧著玩的，萬一釀成了大禍可就慘了。苦口婆心、好言相勸告訴他房子會燒掉、人會燒死，可是他仍我行我素。事實上，這個年齡層的小孩，既不怕房子燒掉（也許他認為房子燒起來一定好好看；或者認為房子燒掉了，明天再買就有了），也不怕死亡（因為尚未具備死亡概念，或者認為今天死了，睡一覺就活過來了），看來體罰是在所難免了。

因痛苦而學會聽話

　　「懲罰」應用於幼兒是否合適，在教育上一直有爭議，不過「自然的懲罰」（非人為故意加入的）幼兒可能每天都碰得到，例如不聽話跳來跳去跌倒弄痛了，不聽話吃太多東西肚子痛了，幼兒因獲得這些「痛苦」而學會聽話。不過當然也就付出了代價，而這些代價有可能帶來後遺症，例如臉上因受傷而留下一個永不磨滅的疤痕。

　　至於人為的、有意的懲罰一如前述，可以用來修正一些行為，但也有可能產生或多或少的後遺症，在施行上如何取其利、去其弊，或將其弊減到最低則是父母所要考量的。

　　為了探討這些問題，我們必須瞭解什麼是懲罰。根據張春興教授在《張氏心理學辭典》乙書中提及：當個體行為不合於規定時，所肇致身體的或精神的痛苦，稱為懲罰。加諸個體的痛苦者，多係別人，但有時也來自個體自己。除了少數的幼兒有自傷、自殘行為外，本人所要討論的懲罰，係指幼兒因為不合於規定，父母加諸在他身上的一些痛苦。

懲罰時的注意事項

依懲罰方式以及在幼兒身心上產生的作用，可以分為下列三種：

1. 身體的痛苦：例如：打、罰站。
2. 精神的痛苦：例如：罵、羞辱。
3. 剝奪：把玩具收起來，不給他玩；剝奪帶他去動物園、公園玩的機會等。

既然懲罰會有其不當行為禁止的效果，所以我們要善加利用；然而懲罰後負作用也不能不加以考慮，例如打的時候不能太用力，以免有皮肉之傷；最好用手打，不要用棍子，以免不知使用力道有多大。責罵的時候要針對事情的本身，不要翻舊帳；剝奪的內容不要傷害其身心發展，例如：不給其吃飯、不讓小孩上幼稚園等。

為了讓懲罰的效果達到最高，副作用達到最小，施行時必須注意下列幾個原則：

1. 不要動氣：父母要處罰小孩之前，通常會動氣，這是人之常情。但當父母動氣時，可能無法控制情緒而使用過當，造成更大的傷害。此外，父母動氣時，其臉色、表情必然不好看，嚴重時甚至會嚇到小孩子，造成更大的傷害。因此，處罰時要心平氣和、不要動氣。
2. 私下處罰：處罰時，需要顧及幼兒的自尊心。因此，不要當其他人面前打罵小孩，私下為之，避免傷害其自尊心。
3. 立即處罰：幼兒有不當行為出現時，應立即處罰，不要拖了一段時間以後，幼兒可能已忘記了這件事了才處罰，如此失去處罰的意義。
4. 處罰前的警告：小孩有錯固然要立即處罰，但處罰只是手段並不

是目的。因此，小孩「正在」做錯事時（例如在客廳跑來跑去），宜事先好言相勸、提出警告、告知準備開始處罰，如果還是無效時，才在不得已的情況下實施。

讓孩子瞭解原因

對於強強的行為，由於屢勸不聽，且有立即的重大危險，所以懲罰變成有其必要性和急迫性。當他玩廚房瓦斯開關時，我選擇用我的手打他的手方式，起初效果並不好，大概打的力量太小了，後來逐漸加大力量，直到他覺得痛為止，效果果然呈現出來，終於他不再玩弄瓦斯開關了。我知道他並不能理解，為什麼不能玩瓦斯開關的真正原因，目前他是因為怕被打，所以不敢玩，但假以時日，我會慢慢讓他瞭解的。

41 幼兒行為輔導（11）：示範法
——如何讓幼兒學習好行為？

亞聖孟子童年時代原本住在墳場的旁邊，由於他的模仿力和觀察力特強，所以就在遊戲活動中，表現出「法事」劇情，他則扮演「道士」的角色，此時孟母看眼裡很不是滋味，她根本就不希望孟子將來從事此一行業。爲了不要如此繼續下去，孟母只好搬家。

　　第二個家在市場旁邊，孟子憑他敏銳的觀察力及模仿力，他開始學做生意，在與同伴的遊戲行爲中，出現一些買賣的交易活動，這當然也不是孟母所期待的，爲此，孟母決定再搬一次家。

透過觀察進而模仿

　　示範法（modeling）是指讓幼兒透過觀察，模仿其他人的良好行爲，經由增強作用輔助，即可表現出被期望的思想、態度與行爲的歷程。示範法又稱仿效法，且與社會學習治療法頗爲接近。

　　由上可知，示範法的方法有二：一爲觀察，即幼兒利用眼睛觀察，並將觀察結果，內化到個人的行爲特質，以前的人說「見賢思齊」、「身教重於言教」大概就是這個意思，意指父母或老師應該給幼兒一個好榜樣，讓幼兒來觀察學習，同時父母和老師也該設計、營造一個幼兒的良好成長環境，如此幼兒可被塑造出好的特質，凡此均爲行爲學派的主張。

　　二爲模仿，簡單的行爲觀察即可學會，如點點頭、揮揮手等，但較困難的行爲，如拿湯匙、筷子、騎三輪車等行爲，單靠觀察是無法奏效的，必須再加以模仿，亦即不斷的演練，如此行爲才能習得。

　　至於示範法的手段爲何？亦即增強作用，特別是正增強，在幼兒有良好行爲出現時給予正增強，正增強包括物質的增強（如餅乾、糖果、獎品等）和精神的增強（如拍手、摸頭、獎狀等），此種增強在幼兒行爲的塑造、扮演一種「催化劑」的角色。

以實際行動輔導孩子

　　示範法可以輔導那些特質或行為呢？依前述的定義，可分為下列三者：

1. 思想：幼兒的思想、觀念常不成熟，可藉助於示範法導正成熟，例如：有些幼兒不喜歡吃飯、吃菜或吃肉，父母可以告訴他要吃飯、吃菜和吃肉才會長高、長大，就像爸爸媽媽一樣高大，幼兒會慢慢將之內化到自己的思想體系中，因為爸爸媽媽每天都吃飯、吃菜和吃肉，幼兒自然看在眼裡加以模仿。
2. 態度：人的態度自幼逐漸形成，除了形成之外，更要導以正確的態度。以「孝順」的態度為例，許多父母常教導幼兒要孝順父母，但以幼兒的年紀卻無法理解什麼是孝順，可是父母若能以實際的行動，照顧自己的父母、關懷自己的父母，幼兒看在眼裡，自然能將抽象的「孝順」具體化，並認同這是一個正確的態度。
3. 行為：對於幼兒的行為輔導，行為改善的成效遠勝於前述的思想和態度，因為思想和態度是抽象的，幼兒較無法理解，成人也較不易「看」出改變，而行為的改變是可以看得見的，幼兒也較容易觀察和模仿。例如教導三歲的幼兒做垃圾分類，可以回收的紙張、瓶罐和一般垃圾分開放，幼兒容易看得懂，也容易學得來。

提供好的成長環境

　　在許多賣房子的廣告中，「文教區」是一般廣告設計的賣點，許多父母為了讓孩子能夠接近學生、接近學校、耳濡目染學子的讀書風氣，即使房價貴一點，也願意買下文教區的房子，與學校為鄰，提供孩子良好的成長環境，而具此觀念者孟母算第一人。

　　話說孟母想到孟子那麼喜歡模仿，於是就想到一個好辦法，乾脆把

家搬到私塾旁邊，知子莫若母，果不出孟母所料，孟子耳濡（學子琅琅書聲）、目染（學子勤讀詩書的模樣），孟子也開始讀起書來了。

　　此時孟母不斷的給予正增強，物質的鼓勵和精神的鼓勵雙管齊下，加上孟子的努力，造成良性循環。讀書的興趣獲得培養，孟子也得到了自我肯定；自童年時代，由於孟母輔導有方，讓孟子自小與書結緣，奠定了亞聖孟子的基礎。

　　許多父母親在教養子女時，常常所謂「苦口婆心」、「循循善誘」，然而成效不一定很好，若遇到這種情況，示範法提供給父母另外一個選擇，畢竟人有個別差異，許多幼兒在周圍的父母、老師、手足和同儕的示範下，行為確實獲得有效的改善，值得一試。

幼兒行為輔導（12）：理情治療法
——讓寶貝不再無理取鬧

托兒所中班的小強是有名的「愛哭鬼」，他在所內早上哭、中午哭、下午也哭，較奇特的是他一哭起來，不但聲音大，而且總是搖頭晃腦、手舞足蹈，甚至於在地上打滾。論其原因，倒也不是什麼大不了的事，搶不到玩具要哭，玩不到鞦韆也要哭，如果別的小朋友不小心撞到他時，他更要哭。任憑老師安撫他，通常還是得不到效果，要他靜下來，比登天還難，他總是無理取鬧。

什麼是理情治療法？

　　理情治療法是屬於認知治療的一種，由美國心理學家艾理斯（Ellis）所提出。其輔導方法為諮商者以指導的方式，讓兒童意識到自己非理性的想法及行為，對其觀念及行為予以解析，使其情緒及行為得以理性化，以後再面對生活問題時，即可以理性思考代替情緒反應，從而避免陷入痛苦的情緒。

　　依照艾理斯的說法，一般人確實有一些非理性的觀念，例如：

1. 許多幼兒每每有好的表現時，就希望得到物質或精神的鼓勵（其實有好的表現本來就應該的，有什麼好鼓勵的）。
2. 做錯事情就應該被處罰（人皆會犯錯，下次改進就好了，為什麼一定要處罰呢？）
3. 考試考不好，一定是努力不夠（其實還有其他因素，如老師教不好、課程內容不合適、生理狀況或情緒問題……）。
4. 解決問題的方式只有一種（其實應該有許多種）。

　　面對上述一些不理性觀念，常常讓小朋友的情緒不安寧，事實上這些想法是不正確的，只要我們給予觀念修正，情緒自然好轉。

建立正確觀念

　　基於上述定義的說明，接下來我們就針對小強的例子提出輔導的方法與步驟：

1. 瞭解情緒困擾的內在原因：就小強的鬧情緒，輔導者要瞭解其原因有二：一為藉助於吵鬧來引起大人注意或要脅大人，達到某種目的，二為希望得到想要的東西。前者為表面上的手段，後者為內在的目的。

2. 瞭解非理性的觀念或行為，輔導者要認清小強鬧情緒的行為，是非理性的想法及行為，要獲得想要的東西，用「鬧」的方式取得並不是最好的方式，亦即企圖用鬧的方式獲取想要的東西是不理性的。

3. 告訴幼兒，他的行為是不理性的：好好的告訴小強，要不到東西用哭鬧的方式是不對的行為，因為老師、爸爸、媽媽，還有小朋友都不喜歡看到小強成天哭鬧。

4. 協助兒童去除不理性的行為：當兒童充分瞭解哭鬧要東西是不對的行為之後，就要鼓勵他改進——去除哭鬧的行為，去除這些不理性觀念或行為方式可採用下列所述：

   ・正增強法：當小強要不到東西而沒有再哭鬧時，給予物質的正增強，如給好吃的東西、玩具、獎卡、口頭讚美等。

   ・懲罰：當小強要不到東西而哭鬧時，給予懲罰，例如處罰他不能去玩喜歡玩的鞦韆。但懲罰有副作用，應儘可能的避免。

5. 說明及建立理性的觀念或行為：去除掉小強的不理性觀念或行為之後，總要提供正向的觀念及行為，其方式如下：

   ・讓幼兒知道在要不到所期待的東西之後，可用請求、溝通的方

式，獲得所要的東西。

· 在要不到所期待的東西之後，可以用排隊、等候、輪流、互換、分享的方式獲得所需要的東西。

以耐心和技巧解決問題

　　理情治療法並不適用於三歲以下的嬰幼兒，因其思考、認知能力的發展還是有所欠缺，基於幼兒逐漸的社會化，認知能力也逐漸進展，所接受的教育日漸豐富，越能遵守規範，故在三歲以後採用此法是逐漸可行的，雖然可能遇上一些阻礙，但觀念的改變本來就不是短時間內會產生效果的，唯純熟的技巧，再加上耐心，小強終究不會再無理取鬧的，而會改以請求、溝通、協調、輪流、分享獲得他所要的東西。

幼兒行為輔導（13）：
孩子用餐惡習強效糾正法

　　孩子吃時不專心、邊吃邊玩等情形，總是令父母傷透腦筋。可運用一些方法導正孩子的行為，在糾正幼兒不當行為時，也需衡量利弊得失，及產生的副作用，以免造成幼兒心理傷害。

小平三歲，個性活潑好動，再加上外表可愛，是一個人人讚美的幼兒。事實上，總體來說，他應該是不錯的小孩，然而唯一讓我感到頭痛的是吃飯時，常常表現出不專心、邊吃邊玩（如用筷子、湯匙敲出聲音來，甚至於拿玩具玩）的情形，以至於把吃飯的時間拉長，尤其在冬天，飯菜冷了還沒有吃完，有時真想餵他吃比較快，然而，想到訓練他的獨立性只好作罷，或許這就是成長所必須付出代價。當然，也必須有所行動，希望能糾正他用餐的不當行為，請教過專家，我所採用的是負增強法。

什麼是負增強法？

負增強法源自於行為學派的行為療法，當幼兒出現某種正確或適當的行為後，立即除去負增強物，且對該行為產生強化作用，此種訓練過程稱為負增強。負增強常與懲罰混淆，因其所用的負面刺激常是一樣的，例如一位嫌疑犯在被偵訊時，不從實招來就來個疲勞轟炸——不給睡覺，由警察輪流問話，這樣的行動我們稱之為「懲罰」，亦即讓嫌犯感到痛苦而招供。

若是這位嫌犯招認之後，警方就同意他睡覺，也就是前面所講的「除去負增強物」，在此所謂負增強物或叫做嫌惡刺激就是「不讓他睡覺」，警察在先前為了鼓勵嫌疑犯說實話，就在嫌疑犯因被長時間審訊感到萬分疲倦而痛苦時，對嫌疑犯說出了這樣的話，當嫌疑犯招認之後，警察也馬上給予善意的回應而予睡覺。

由上可知，為了達到預期的行為（或目標），給幼兒痛苦的刺激（如罰站），我們稱之為「處罰幼兒」，但如果對被罰站的幼兒，因他表現良好，而「終止」他的罰站，則稱為負增強。

您必須留意的副作用

由於負增強常為痛苦或不愉快的刺激，使用在幼兒身上可能會有副作用，常用的負增強物及其副作用說明如下：

1. 不讓其吃飯（或睡覺）：影響生活作息，會傷害身體健康。
2. 精神上的痛苦：如對幼兒說「媽媽不喜歡你」、「不跟你好」或「不理會幼兒」，如此可能會讓幼兒心裡感到痛苦，甚至動搖依附關係，日後造成對人的懷疑。
3. 沒收玩具：沒收幼兒喜歡、常玩的玩具也常被用來當作負增強物，剝奪幼兒「愉快的遊戲時間」，基本上也會讓幼兒感到痛苦，亦是副作用之一，不過與前述的負增強物比較，這種副作用算是較少的。

由以上的敘述可知，負增強的使用，多多少少都有副作用，在糾正幼兒不當行為時，需衡量一下利弊得失，如果一定要使用時，事後對於產生的副作用，必須儘速給予「消毒」，例如多鼓勵他一下、多愛他一下、多抱他一下，甚至於在作出對的事情之後，給予獎勵，以彌補先前訓練期間可能造成的傷害。

如何糾正用餐惡習？

對於本案的輔導，既然採用負增強法，首先就需決定負增強物，我所採用的負增強物是──沒收他喜歡的食物及湯匙、筷子。我用下列兩個階段訓練：

1. 首先以他最喜歡的果凍作訓練，讓他坐在他的小餐桌上，拿果凍和小湯匙置於他的面前，先約法三章，如果一邊吃、一邊玩就要

沒收果凍，剛開始他還蠻專心吃的，不過吃一半時，他的老毛病就出來了，開始玩湯匙，於是我狠心的沒收了他的果凍，他以哭鬧表示不滿，我仍不為所動，並告訴他：「你乖乖的，下午就會再給你果凍吃。」如此有安撫作用，也讓他有所期待。等到下午再給果凍吃時，一再的提醒他要吃完才可以玩，如此經過幾次的訓練，再加上吃果凍本來就比較快，所以終能讓他專心的一次吃完一個果凍。

2.其次以正式的吃飯來訓練，剛開始我也是選用容易快速吃完，而且又是他喜歡的食物，如此效果較好；最後再改以一般食物。經過兩個星期的訓練，雖然還不滿意，但是已可以接受了。具體達成兩個目標：

‧吃飯時間明顯縮短。

‧玩的次數明顯降低。

儘管負增強在實施上可能有副作用，但在糾正幼兒不當行為，用其他的方法均無效時，負增強也是一個不錯選擇。

幼兒行為輔導(14)：
從畫畫看透孩子的心

　　對幼兒來說，繪畫是一種廣義的語言，幼兒把內心所想的語言，用圖畫呈現出來；因此藉助幼兒的畫，可以瞭解其內心世界，如果在其幼小心靈有所創傷時，我們也可以達到診斷的目的。

小貞是被公認脾氣不好的壞小孩，動不動就發脾氣，吃不到想吃的食物就哭，拿不到想玩的玩具也哭；在外面只要他想買什麼東西，非要給她買不可，否則就當場發脾氣；大人講話或對她有所要求時，她常會頂撞；對於她的童年玩伴，也常有口角、爭執、打架⋯⋯，面對這些，她的爸爸媽媽束手無策，請求輔導。

什麼是繪畫治療法？

　　繪畫治療法是藉助於幼兒的畫畫，來瞭解其心理上的障礙或衝突，以達到診斷的目的。此法的理論基礎乃在於佛洛依德（Freud）的精神分析論，此一論者認爲人在潛意識的一些慾望、衝突、委屈，會投射在繪畫上。

　　對幼兒來說，繪畫就是一種廣義的語言，也就是說，幼兒把內心所想的語言，用圖畫呈現出來，因此，細心的審閱幼兒畫畫，一方面可以瞭解幼兒在意識狀態中的一些想法；另一方面也可以瞭解幼兒在潛意識的一些想法。事實上，這種內心深處（或深層意識）的想法，並非幼兒有意的呈現，而是無意的投射，因此藉助幼兒的畫，吾人可以瞭解幼兒的內心世界，如果在其幼小心靈有所創傷時，我們也可以達到診斷的目的。

　　基本上，繪畫其實很難達到「治療」的目的，它應該只具備「診斷」的功能，最多也只能說藉助盡情的畫，達到「發洩情緒」的效果，如此果真能讓幼兒不當情緒獲得紓解，也是屬於消極性的治療，因爲其內心世界的衝突並未獲得輔導，將有再犯的可能。

　　因此，積極性的治療應該是透過繪畫診斷後，再配合其他的方法，如行爲治療法、認知療法、案主中心治療法或心理分析治療法等，來矯治幼兒的情緒或行爲的問題，如此才能對症下藥、一勞永逸。

透過繪畫找出問題

　　首先先與媽媽會談，請媽媽協助配合，準備不同質料的圖畫紙，如一般的兒童畫畫用紙、白報紙、西卡紙、牛皮紙，其目的是希望小貞在不同的紙質，或許會呈現不同的表現。此外，準備不同的繪畫素材，例如：鉛筆、簽字筆、蠟筆、粉蠟筆、水彩筆、奇異墨水筆等，其目的是藉助於不同畫筆（表現工具），試圖讓幼兒在更多的狀況，不知不覺的把潛意識的衝突表現出來。

　　由於幼兒作畫時，其思想、觀念會呈現在畫中，但所表現在畫中的內容，大部分是意識狀態，現實世界的「隨興」畫，例如：今天早上看到火車，他就畫火車；剛剛與小朋友溜滑梯，現在他就畫當時的情景，在這樣的畫中，將很難找到「問題癥結」的蛛絲馬跡。但是我們相信如果讓幼兒在不同的時間、不同的情境、使用不同材質的紙和筆，多方面的蒐集幼兒畫，在眾多的畫（如十張、二十張）中，不難從其中的幾張，找到一些問題所在。

幼兒行為輔導(15):
玩遊戲不再鬧情緒

　　遊戲在幼兒生活中占有重要地位,幼兒往往透過遊戲表達
自己的幻想,及對人際關係的看法和傾向;而治療者可由此探
索幼兒的人格和行為障礙,並透過遊戲治療逐步矯正其不適當
行為和態度。

偉偉是托兒所幼幼班（兩歲八個月）的小朋友，每天早上到托兒所時，常常鬧情緒，偶爾哄哄也還蠻有效的，可是常常是不見效果，有時持續很久，甚至於到下午都不見笑容，打聽一下，原來是常常被罵、被處罰後才來托兒所的。

　　被罵、被處罰原因不外乎：賴床、沒睡、好哭鬧、早餐邊吃邊玩、吃太慢……，如此以不高興的心情來托兒所，間接地影響在托兒所的情緒，與父母溝通希望能輔導上述的問題，但可能父母的輔導知能不足，同時也因偉偉的個性過於急躁，所以一直成效不彰。為了孩子的學習與成長，也為了不影響我的教學情緒，我對偉偉使用了遊戲治療法。

什麼是遊戲治療法？

　　遊戲治療法（play therapy）是由大衛・利維（David Levy）於一九二五年首次提出，安娜・佛洛依德（Anna Freud）和美蓮・克萊因（Melanie Klein）開始用於治療有心理障礙的兒童。根據朱智賢教授所編的《心理學大辭典》中指出：遊戲治療是兒童精神病學中一種重要的手段。

　　遊戲在兒童生活中占有重要的地位，兒童透過遊戲比利用語言更能表現自己的心理特徵。治療時在遊戲室內放置各種玩具，治療者觀察兒童玩具的選擇和遊戲方式，對兒童進行瞭解；兒童往往透過玩具表達自己的幻想、反應出對人際關係的看法和情感傾向。

　　治療者可由此探索兒童的人格和行為障礙，並透過遊戲治療逐步矯正其不適當的行為和態度。用於治療的遊戲種類，隨著年齡的不同而有所不同，兩歲以前的嬰幼兒，遊戲限於簡單的動作和感觀刺激；二至五歲的幼兒常用想像，模仿成人日常生活中的動作。

　　至於遊戲治療的目的，根據張春興教授在《張氏心理學辭典》中提及有三：一、治療人員可藉遊戲為橋樑與兒童溝通，讓兒童在不知不覺

中顯露他的問題。二、經由遊戲活動，可以讓兒童表露眞情、滿足欲望，藉以發洩不愉快的情緒。三、遊戲活動中，可經由角色扮演的方式，讓兒童體會相對的角色（如父母）與自己的關係，藉以改善人際關係。

相關輔導案例

根據前面意義及目的描述，以細列舉遊戲治療的實例，可以是較簡單的，也可以是較複雜的。

實例1：轉移注意
前述的偉偉，既然來到托兒所是鬧情緒，我們可以想想，平日他喜歡玩什麼遊戲，然後給他玩這種遊戲，由於幼兒的情緒是短暫且可以轉移的。因此，理論上應該是很好改變他的負面情緒。

例如偉偉喜歡玩溜滑梯，於是我們就告訴偉偉：「偉偉你很乖，老師帶你去溜滑梯。」此時他很可能還在鬧情緒，所以不會像平日一樣欣然接受，但是我們可以連哄帶騙的拉他去溜滑梯，果然奏效。溜了兩次他就展現笑容了，而且開始有說有笑了，再給他溜個五分鐘，就把他帶回教室，結束了不愉快的情緒。

實例2：宣洩情緒
小平是個粗壯的小朋友，體力好、活動力強，也常喜歡打人，又加上脾氣不好，班上的小朋友對他敬而遠之。爲了改善他的問題，我常和他玩「拳擊比賽」，比賽時我們互相戴上廚房厚手套，用這種東西當拳擊手套，看來還有八分像呢！

首先我會和他打牆上的軟墊（這是怕小朋友受傷，在比較危險的牆做的），一邊打、一邊喊：「攻擊！攻擊！」後來我會和他玩拳擊比賽（對打），仍然是一邊打、一邊喊「攻擊！」如此可以宣洩他積壓在內心

負面的情緒，也可以消耗他的體力。

實例3：角色扮演

　　華華是個三歲的小女孩，在托兒所內總是看起來悶悶不樂，好像是個被壓抑的小孩，不論是詢問華華或是家庭電話訪問，都得不到答案。這天我特別安排了「扮家家酒」的角色扮演活動，華華當媽媽，還拿了一個洋娃娃，其他的小朋友有的當爸爸、有的當哥哥……，我從旁觀察。突然地，華華拿了一根小棍子，用力的打洋娃娃，一邊口中還說：「打死妳！打死妳！看妳以後還敢不敢，我每天都要打妳，……」我終於知道華華的問題了，原來她的媽媽是這樣對她的。

　　因此，面對孩子鬧情緒時，做家長的應先瞭解其原因，再引導幼兒學習表達及處理情緒的方法。讓他能接納自己負面情緒，及學習如何適當表達情緒。而且，在處理幼兒鬧情緒時，父母切勿強迫或限制幼兒不准鬧情緒，而是引導他做適當的表現及宣洩。

幼兒行為輔導 (16)：
引領孩子走出封閉世界

　　所謂「動物治療法」，就是利用動物來治療幼兒不當行為如退縮、自我封閉、社會行為發展遲緩等。藉由動物（寵物）與幼兒互動，讓他能跨越內心障礙，進而學會與人互動。

「自閉兒」是小雄的綽號，因為他不太理人、不太講話，也少有社會行為，平時在家或在托兒所時，總是自己玩或是靜靜地若有所思，好似生活在自己的世界裡，對外界大人的刺激，不論是親人、陌生人，都無動於衷。輔導介入時，總要先瞭解一下原因，根據我初步的判斷，可能與媽媽的教養方式有關，因為媽媽是個「大嗓門」，講話不但聲大而且快，加以用嚴格的管教方式，常會出現「恐嚇」的詞句，當然，偶爾也會有處罰的行為，小雄長期在如此不安的情境中成長，終而造成退縮、封閉的個性。

什麼是動物治療法？

「動物治療法」顧名思義就是利用動物來治療幼兒的不當行為，此法並不是對所有的不當行為都有效，所以要作適當的選擇，例如：對退縮、自我封閉、社會行為發展遲緩的幼兒應有一定的效果。先藉著動物（寵物）與幼兒互動，待幼兒能與動物有社會互動後，再轉為與人互動。其理論基礎有三：

1. 學習理論：在幼兒開始與大人互動之前，先學習與動物互動。幼兒能與動物互動良好後，進而學習與人互動，應有不錯效果。
2. 中介變項：由前述所言，動物乃是幼兒與他人互動的中介變項，動物扮演一個橋樑的角色。
3. 系統減敏感法：退縮、自我封閉的幼兒，可能先前有不愉快的經驗，例如被父母或保母打罵，或是被其他小朋友欺負等，如此可能對人懷有恐懼感或敵意。讓幼兒先與動物為伍，可以降低對人的敏感度，有助於培養合適的社會行為。

執行時應注意事項

　　與其他行為治療法比較，動物治療法算是較新的一種，其理論基礎及學術地位可能還被質疑，以至於尚未被廣為運用，不過只要好好的加以運用，假以時日，其效果將被肯定。輔導時若能注意下列數點原則，將使成功率大大提高，且將副作用降到最低：

1.選擇溫馴的動物：與其說牠是「動物」不如說牠是「寵物」，在與幼兒的互動中，甚至於是一個「輔導者」。選擇溫馴的寵物，特別是幼兒喜歡的寵物，較不具攻擊性，以免更加深幼兒的退縮性與恐懼感。例如：小狗、小貓、小白兔、天竺鼠……。
2.選擇較會跟人互動的寵物：既然寵物扮演輔導者的角色，就不要選擇「不理」幼兒的動物，如烏龜、小鳥，選擇小狗、小貓可能較會與幼兒互動。
3.注意衛生：寵物與幼兒互動時，若寵物不乾淨、有傳染病，將會對幼兒造成另一種傷害，所以要注意寵物是否乾淨，除了常幫其洗澡外，最好帶去給獸醫檢查是否有傳染病。
4.大人的參與：動物治療法中，動物先是扮演前半段的輔導者，當幼兒能與動物互動得很好時，動物的職責就結束了，大人繼承了動物治療的成果，繼續讓幼兒在與人類的互動中實戰，作一個自然的轉移，更能保證日後與同儕互動中得到最好的效果。

帶領孩子跨越內心障礙

　　由於小雄是位自我封閉的幼兒，為了讓他能跨越自己內心的障礙，我先選擇了一隻可愛的小白狗與他作伴；選擇這條狗的理由是：外表可愛、沒有攻擊性、洗得很乾淨，而最主要的是會與人互動。

　　輔導的開始，我合併遊戲治療的方式，讓小孩拿小球丟出去，小狗

就會去「玩弄」球了，如此刺激，引起小雄繼續丟球的意願，甚至會笑了。當小狗來舔小雄時，小雄也由最初的閃躲進而撫摸，最後甚至於可以把小狗抱在身上，這無形當中已經解決了退縮、封閉幼兒的「觸覺防衛性」（害怕與人做身體的接觸）。此後常將小狗戴上項圈，讓小雄牽小狗出去散步，並要求小雄當小狗的照顧者，帶小狗大小便、協助小狗洗澡、餵食，如此，小狗變成小雄的好朋友。

接下來輔導的工作是讓小雄與同儕建立關係，我刻意在週休二日時，讓小雄牽著小狗到社區內的公園散步，這些地方在放假日都有不少小朋友在玩，一些小朋友看到這隻可愛的小狗就會靠過來，這時我就會向別的小朋友介紹，這是小雄的狗，小雄會幫牠洗澡、餵牠吃東西……，更進一步的要求小雄向其他的小朋友分享照顧小狗的經驗，小雄也會很有自信的、驕傲的介紹養狗的經歷。

小雄終於跨越了封閉的心理，小狗之功不可沒，成功的輔導過程就算結束，希望動物治療法廣被研究，發展出一種正式的、可被廣泛接受、廣泛應用的輔導方法。

幼兒行為輔導(17)：
藉讀書穩定孩子情緒

　　您的孩子是否常出現情緒不穩和過動的傾向呢？父母可以針對幼兒的年紀、發展狀況和興趣，來幫助他選書及陪他共讀，一方面幫助幼兒解惑，二方面鼓勵他，相信長久下來讀書所帶來的價值，必定在幼兒的成長過程中顯現出來。

小明是一位三歲的男孩，平日無論在家或是在幼稚園，都是焦躁不安、很難有片刻靜下來，並且有情緒不穩及社會適應不良等情況，老師甚至於說他是過動兒。小明的父母翻過許多教養方面的書籍，也請教過一些朋友，但都不得其門而入，無法讓小明有些許改善。幼稚園的老師也常向父母告狀，老師用了很多正增強、消弱等方法，但都無效……。

何謂讀書治療法？

　　所謂讀書治療法就是父母或老師利用讓幼兒讀書的機會，作興趣的培養。利用其重視書中的內容，幼兒產生認同、投入、投射等心理反應，達到治療幼兒情緒或行為的目的。

　　由於三歲的幼兒不認識字，作讀書治療時應以圖畫為主，而且父母或是老師應從旁解說、指導。如果父母或是老師在場時，簡單的童話故事、寓言故事、歷史故事、戲劇、散文、詩歌等，也可以作讀書治療的材料。至於讀書治療可以產生哪些效果呢？

情緒治療

　　幼兒在閱讀（或是與父母、老師共讀）之後，可能因積極、興趣的投入，而忘掉先前負面的情緒，亦即用讀書轉移了先前的不愉快。此外，幼兒閱讀到富幽默的故事時，常會不禁莞爾；閱讀到偶像人物的情節時，也會產生認同感，因而化解了在現實世界達不到目標所產生的挫折感。

　　幼兒在現實世界中，有一些動機受挫時（如吵著要吃糖果、吵著要買玩具），深怕大人責罵，可作昇華，以閱讀來取悅自己。幼兒在閱讀童書之後，也常會在不知不覺中把自己的過失（如不乖、打破杯子），或不為大人認可的慾念，加在童書的角色中，藉以減輕內心焦慮和不安。例如幼兒自己貪吃，剛好所看的童話故事中，有隻小豬或是大野狼也是貪吃，他就會將自己的貪吃行為，投射在小豬或是大野狼的身上，

如此可以減輕因貪吃帶來的罪惡感。

道德

　　幼兒的內心世界充滿了本我慾望，及性惡的層面，例如：打破杯子怕被指責，而出現欺騙、狡辯的行為，如「偷」吃糖果、餅乾、順手牽羊拿了人家玩具……，這些非道德或是不道德行為，雖然可以透過父母或老師的指導得到改善，但靠閱讀童書也具相當的教育效果。在許多童書中，都隱喻了一些忠孝、仁愛、信義、友愛、仁慈等方面的故事情節，幼兒在閱讀之後，達到潛移默化之效，有利道德發展。

語言

　　幼兒常會有一些語言障礙，一部分可能因為構音器官（唇、齒、舌頭、咽喉等）發育尚未成熟，另一部分可能因為構音器官有問題，諸如此類的問題，父母和老師可藉助於童書（尤其是詩歌、兒歌），讓幼兒朗讀或是吟唱，如此可以作好語言治療，因為兒童詩或是兒歌通常都有押韻，幼兒琅琅上口，具有治療之效。

社會

　　幼兒社會行為發展常會出現兩個問題，一是人際關係不良，在此所謂人際關係至少包括四個：親子關係、手足關係、師生關係、同儕關係，幼兒可能出現一種或是一種以上的關係不良關係；其次是退縮個性，在社會行為方面出現自我封閉、不理人的態度。有關社會行為不佳的輔導方法有很多，讀書治療算是不錯的方式之一，老師或父母親可利用童話故事、寓言故事，有關友愛、互助以及大家一起遊玩、唱歌的情節，讓幼兒閱讀和瞭解書中所描述的意義。常常接觸類似的故事書，幼兒必得潛移默化之效，有利於社會行為發展。

藉由讀書穩定孩子情緒

　　基於以上理論描述，對於小明的輔導大致說明如下：

　　由於小明最大的問題在於情緒不穩和有過動的傾向，因此，我認為讓小明培養閱讀的興趣，或許可以穩定他的情緒以及減緩過動的現象。於是我到圖書館借幾本童書給小明看，但是小明隨便翻翻就不要了，只有一本「三隻小豬」的童話書，較能吸引他的興趣。

　　於是我採用其他的方法，首先我帶他去書局和圖書館看書，在他毛毛躁躁地看書時，我觀察他比較喜歡看有動物的益智類（認知）、童話和寓言故事，但我相信興趣是可以培養的，於是我就買或借幾本書回家來，然後和他一齊共讀此類他喜歡的書。我發現他在看書時有比較好的專注力，也比較少動來動去，尤其是他喜歡看的書，我覺得我的治療效果已呈現出來，對於他的表現雖不滿意但可以接受，假以時日，我相信他會更好。

　　總之，只要能針對幼兒的年紀、發展狀況和興趣來幫幼兒選書，並陪他共讀，一方面幫助幼兒解惑，二方面鼓勵他，相信長久下來讀書所帶來的價值，必在幼兒的成長過程中顯現出來。

幼兒行為輔導(18)：
音樂、舞蹈改變孩子一生

　　音樂與舞蹈都是藝術治療的一部分，即是利用音樂的節奏變化、曲調的轉折、旋律，及透過韻律活動、肢體語言，達到治療幼兒心理或行為的目的。家長可依孩子的興趣和意願，在不同時間、場合選擇不同音樂，將音樂與舞蹈融合在一起，改變孩子情緒。

華華是出生兩天的新生兒，躺在搖籃上使勁的哭，媽媽及醫生站在搖籃旁觀察，此時醫生拿了一捲錄音帶，播放給新生兒聽，經過幾秒後，新生兒不再哭泣了。另一位是出生三天的新生兒，經過同樣的實驗後，也得到相同的結果。

　　以上是筆者過去看過的一捲錄影帶──「奇異的胎內環境」的實驗，錄影帶的內容是錄製了子宮內的「聲音」，新生兒聽了會停止哭泣。筆者認為這些子宮內的聲音，如媽媽的心跳聲、血液循環的聲音，對初生兒產生了安定的作用。

何謂藝術治療？

　　所謂音樂治療即是利用音樂的節奏變化、曲調的轉折、旋律，來治療嬰幼兒不當的情緒和行為。而舞蹈則是相輔相成，在音樂的背景下，透過韻律活動、肢體語言，達到治療幼兒心理或行為的目的。音樂治療和舞蹈治療都算是藝術治療的一部分，其原理及功能說明如下：

1. 情緒的宣洩：曲調哀愁的音樂，讓幼兒聽了以後，感動萬分，內心負面情緒，隨著樂聲流洩而出，可以紓解不愉快的情緒。即興而自由敲打的音樂，可以達到自我宣洩、解放的目的。
2. 安眠：音樂被應用在安撫嬰兒入睡是眾所週知的事，台灣民謠「嬰啊嬰啊睏，一暝大一寸，嬰啊嬰啊惜，一暝大一尺」，即是藉助於照顧者的吟唱，在安詳中將嬰兒帶入夢鄉。
3. 催眠：前述的「安眠曲」，其實就是俗稱的催眠曲，但是心理學上的「催眠」，絕對有別於俗稱的「催眠曲」，故用「安眠」加以區隔。至於音樂用於催眠，主要是利用音樂暗示幼兒的思想，使其達到改變意識（如：緊張、焦慮、不安、憂鬱、憤怒等）的目的，幼兒在聆聽音樂之後，負向的情緒自然會得到緩解。
4. 靜坐與冥想：父母抱著嬰幼兒或嬰幼兒躺在床上聆音樂的時候，

嬰幼兒的思潮會隨著音樂節奏快慢起伏，思緒會被排空，此時嬰幼兒若有負面的情緒（如：緊張、焦慮、不安等），亦會被排除。

5.按摩及語言訓練：對於語言障礙的幼兒而言，採用音樂治療不失為好的方法；語言障礙的幼兒常有構音的障礙，而讓此類幼兒隨著音樂作發音練習，如：「啊」、「咿」、「喔」、「嗚」、「巴」等，對構音器官是一種按摩，也達到發音的練習目的，如此有利於發音的順暢。

6.肢體動作及社會治療：有些粗細動作發展不良、肌肉僵硬、身體平衡不佳，或感覺統合失調的嬰幼兒，或智能障礙、發展遲緩、自閉症等特殊兒童，可以透過音樂與舞蹈，扭腰擺臀。把屁股當作馬達般的旋轉、跳波浪舞、即興律動等和自己肢體的對話，都可活絡幼兒的筋骨，軟化幼兒僵硬的肌肉，有助於肢體的活動。此外，藉助於與其他幼兒共舞的機會，達到與人互動的目的，擴展人際關係，有助於人際關係的發展。

將音樂與舞蹈融入生活中

以下就請讀者試著在一個安靜的室內，沒有干擾之下，以平穩的心情，坐在舒適的座椅上，慢慢聆聽一段音樂響起。樂聲響起，音頻低而慢，彷彿置身於無人的山頂上，如此安詳的旋律，就如眼前之高山，一座座連綿矗立著。沿著山中的小徑，似乎看到了小精靈在樹梢舞蹈著，輕盈活躍，一個個音符在腦海中跳躍著，突然一個轉折，急速的音調，曲折離奇，就如同此時的我，正面臨由高處向低處奔騰的激盪而狂熱，有如千軍萬馬在我眼前馳騁而去，心中久久無法平息……。

我頓然從夢中驚醒，從座椅上站了起來，伸了一個舒服的懶腰，眼光停留在外面橫動的樹葉上，走出一場豐富的音樂饗宴。

喜歡音樂的人，對音樂有鑑賞能力的人，一定會被前述的音樂所影響，因為一個人在零干擾的環境之下，專心的聆聽這樣的音樂，有如被催眠，或自己靜坐、冥想，若心中有一些雜念、煩惱、不安的情況，很容易被排除。

　　嬰幼兒的思緒與成人有別，可依其興趣、意願，在不同的時間、場合、情境選擇不同的音樂，許多名曲或兒歌，在不同的樂音（如獨唱、合唱或是只有樂器演奏：豎琴、吉他、鋼琴、小提琴、長笛、簫、打擊樂等）之下，會有不同的效果，亦即對嬰幼兒會有不同的影響。稱職的父母親，您不需要藝術治療專家，只要用點心，好好的選曲、細心的觀察，將音樂和舞蹈融入孩子的生活中，它將正向的改變孩子的一生。

身體語言

　　廣義的語言除了包括一般的口語外，還包括文字、圖畫、手語和身體語言等，身體語言又稱肢體語言、無聲的語言，除了傳達思想外，還有一個很重要的功能就是聯繫感情。一對情侶可以甜言蜜語，聊個不停，但兩人手拉著手，漫步在公園，此時或許「無聲勝有聲」；至於父母親與嬰幼兒之間是否有身體語言？其表達的方式、產生的意義如何？這是本文所要探討的。

身體語言產生的正負面感受

　　語言是一種訊息的傳達，身體語言自然也不例外。至於身體語言是如何傳達訊息的？其生理上的程序又如何呢？簡單而言，乃透過父母親的手部（或其他部位）與嬰幼兒的皮膚接觸，嬰幼兒的皮膚會感受到壓力，造成神經衝動，由皮下之周邊神經傳到大腦的中樞神經，此時由皮膚覺進入大腦產生知覺，這個「知覺」可以是好的知覺，當然也可能是不好的知覺。

　　就不好的感覺（或知覺）而言，例如被打一巴掌，當然會感到疼痛，造成不愉快的感受；又如冬天父母親冰冷的手，去撫摸嬰幼兒三十七度的皮膚，也會讓其感到不愉快，因此，這對親情的維護是不利的，應該避免。相反地，其父母親用溫暖的手去撫摸嬰幼兒的身體，讓嬰幼兒有舒服的感覺，此時經過制約學習，嬰幼兒逐漸喜歡父母親，親情油然而生。

可以採用的身體語言

　　身體語言的種類很多，以下就分別描述之：

擁抱

　　新生兒剛出生時，面對子宮內環境與出生後外在環境的差異，無論是生理或心理上必然產生莫大的衝擊，此時新生兒的心理可能會有莫大的震撼，婦產科醫生當即若是將新生兒給母親抱一下，必然會產生不少安定作用，讓新生兒有安全感。此後，嬰兒在睡醒之後，父母親常常抱著他的話，嬰兒會有被愛的感覺，名心理學家艾力克遜認為此時不要常抱嬰兒，以免讓嬰兒養成習慣，這是錯誤的觀念，是「偷懶」的父母，或是「不愛小孩」的父母。

　　而後幼兒漸長，能走、能跑、能跳，空間距離雖然漸漸地離開父母

親，可是我們觀察幼兒的行為，當他離開媽媽（或爸爸）去玩積木、畫畫、盪鞦韆時，玩高興了、玩累了，總是會跑回來讓媽媽（或爸爸）抱一下，然後又滿足的去玩。相反地，若幼兒在玩時，受到一點委曲（如被玩伴欺負、弄痛了身體時），也會跑回來找媽媽（爸爸），當大人抱他一下，再口頭安慰一下，他的委屈很快就消失了，這是擁抱的魅力。

撫摸

除了幾個反射動作外，新生嬰兒的皮膚感覺並不敏感，父母在幫嬰兒洗澡時，也順便撫摸新生嬰兒，嬰兒會有舒服、滿足的感覺。此時幫嬰兒洗澡需要輕柔，慢慢來，順便唱唱兒歌給孩子聽，和他講講話，如此孩子會更喜歡洗澡，而會持續到幼兒期。對於學齡前的小朋友，雖然漸漸地有他們自己的天地，但當一起看電視、一起坐車時，父母也可以把握時機，摟著他，摸摸他的頭髮、臉頰、身體、手腳等，這些行為都可讓幼兒感受到愛、溫暖和安全感，因此，撫摸是父母對嬰幼兒示愛、表達關懷的一種肢體語言。

拉手

從新生兒開始，父母親對新生兒拉手就有其必要性，此時由於新生兒有「拳握反射」，會將大人的手指緊緊地握住，是傳達情感的一種表現。爾後，在嬰兒期，當父母親抱他時，也順便「玩弄」他的小手，這不但可以感情交流，也刺激到他的手掌、手指，有利於未來細動作的發展。及至幼兒期，走路時，大人手牽著幼兒的小手一起走時，不但是情感的交流，也會讓幼兒的觸覺神經更發達，當然更可訓練粗動作及身體平衡的發展。

親吻

親吻也是現代父母親對孩子示愛的一種方式，打從新生嬰兒開始，一直到幼兒期，孩子在接受父母的親吻以後，也會感受到愛的滋潤。值

得注意的是，親吻之部位除了臉頰外，也可以是手，當然也可以是身體其他部位，親吻時，考量衛生因素儘量不要嘴對嘴，也不要「深吻」臉頰，避免把口水留在嬰幼兒的臉頰上，以免傳染細菌。

表情

以上四者，基本上父母親與子女都有肢體的接觸，而表情所顯示的身體語言，則無身體的接觸，而是透過父母的表情傳送訊息，而嬰幼兒則用眼睛接收訊息，並透過大腦判斷訊息。因此父母親抱嬰兒時，盡可以笑臉相對，雖然新生兒尚無法辨別大人的「笑臉」、「怒臉」，但假以時日，他終究漸能體會「面善的臉」和「怒氣沖沖的臉」。面善的臉總能讓嬰兒有安全感及愉悅的感覺。及至幼兒期，孩子更能看懂父母親其他的表情，如皺眉、扮鬼臉、點點頭、搖搖頭等，此時孩子除了學習認知父母的表情，有利雙方互動外，對於觀察力的培養亦有莫大的助益。

手勢

聾人使用的手語，或是海倫凱勒使用的手指語，都是以手的姿勢傳遞訊息。一般人能看能聽就比較不需要手語。然而在日常生活中，手勢的運用也非常普通，如揮揮手（再見）、搖搖手掌（不要、不會），此外，媽媽（或爸爸）張開雙臂，嬰幼兒就很自然的投入其懷抱，這都是以手勢代表語言的象徵。

用嬰幼兒能接受的方式

應用肢體語言時應注意下列一些事項：

1.身體語言又稱「副語言」，亦即口語為主，「身體語言」為副，身體語言有正面的效用，但過度使用亦可能帶來負面的效用，例如一位三歲的小孩，向父母要東西時，不用講的而用手比，「聰

明」的父母雖馬上理解其意,幫他解決其問題,但也影響了孩子的語言發展,因此,對於「沒有必要的手語」應避免或儘量減少。

2. 考慮嬰幼兒所能接受的程度:嬰幼兒的肌膚非常細嫩,若大人用力過猛的親小孩、撫摸、擁抱等,都會讓孩子感到不舒服,適得其反。以洗澡為例,大人幫小孩洗澡時,常常用力抓、握、捏小孩,或用力擦拭,讓原本很愉快的洗澡,變成嬰幼兒痛苦的經驗,最後排斥洗澡。

3. 性教育:肢體的碰觸,有時也涉及一些「敏感」地帶,尤其到了三歲以後,是佛洛依德所謂的「性器期」,此時幼兒會更有意的以肢體語言表示一些對「性」的好奇,一方面父母不需大驚小怪,另一方面父母可以採「忽視法」,轉移幼兒在這方面的注意力。此外,父母在幫異性子女洗澡或有一些身體接觸時,也考量「性別的禮貌」,子女在瞭解之後,能更進一步學習到自我保護。

口語＋身體語言最完美

身體語言是語言表達方式的一種,適當的表達也是一種藝術,儘管口語表達對親子雙方有不可取代的地位,但若能在口語表達之外,加入一點身體語言,將使語言溝通更明確化、更藝術化、更情感化。

越早學第二語言越好？

幼兒學習美語在台灣已蔚爲風氣，無論大街或小巷，幼兒美語班林立，幼稚園、托兒所也強調雙語教學，以利招生，據說中國大陸的父母，更爲了讓幼兒說好一口標準的美語，而流行爲幼兒剪舌繫帶，如此用心良苦，就是爲了不讓子女輸在起跑點上。至於幼兒學習美語有何好處？有何壞處？要如何學？才能獲得最佳利益，而將負作用減到最低，則是本文所要探討的。

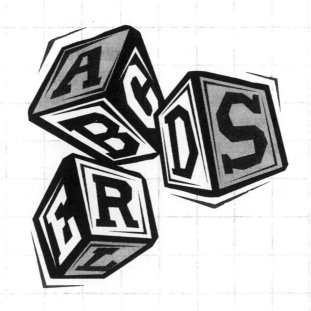

學習美語的優缺點

　　幼兒學習美語到底有哪些優點和缺點呢，以下分別描述之：

優點

1. 掌握學習語言的關鍵期：一般而言，幼兒學習母語的關鍵期大約在一至四歲，亦即幼兒一歲開始學習說話，到了四歲時，大部分的幼兒都已具備基本的會話能力了。此時，只要智力在正常（或中等）以上的幼兒，就可以學習第二種語言，亦即三、四歲的幼兒，在已具備基本母語會話能力之後，趁著構音器官尚未完全定型時，學習美語會比長大後再學較有正確的發音。

2. 幼兒的特質適合學習美語：一個人在長大後才開始學習美語，總是有較多的顧忌，例如害怕發音不正確被取笑而不敢講，害怕學不好被笑……，而幼兒純眞可愛，想什麼就說什麼，對的也說，錯的也說，不怕人家看笑話，反而指導者可根據他的錯誤作糾正，而幼兒可塑性高、學習能力快，故適合學習美語。

3. 拓展視野：學習美語除了讓幼兒認識另一種語言之外，更可以瞭解該語言的文化、風俗民情、日常生活習慣等，可以拓展幼兒的視野，例如幼兒學習美語時，常會學到萬聖節、聖誕節的種種。

4. 可以增強自信心：兒在學習簡單美語之後，將來進入小學學英語更可勝任，不會輸在起跑點上，成績當然會比沒有學過的好；此外，在日常生活中，無論是在室內或室外，常可看到一些英文招牌、廣告、傳單，或在報章雜誌上看到一些幼兒熟悉的字，幼兒會因認識而自我肯定，也會因認識而得到他人的讚美，凡此均可增加幼兒的自信心。

缺點

1. 師資的問題：教幼兒美語的老師應是「啓蒙老師」，啓蒙老師對幼兒學習美語的發音、態度、學習方法、興趣均占舉足輕重的地位，偏偏良師難覓。因此，若沒有找到合適的老師，可能帶來許多負面的影響。

2. 排擠效應：就發展任務而言，幼兒要學習的東西很多，例如粗細動作、大小動作、母語的加強，如母語不是用國語時，也應該學習國語、認知、社會行為等，若幼兒花時間去學習美語，可能會產生排擠效應，而減少了許多更需要學習的內容。

3. 缺少語言環境：幼兒在學習美語之後，最好能有機會演練，亦即說美語的環境，可惜在我們的生活環境中卻常缺此環境，因此學習效果大大的打了折扣。

激發興趣　長久經營

在談完學習美語的優缺點之後，以下將探討如何教導幼兒學習美語：

1. 學習動機的啓發：許多幼兒對美語學習根本沒興趣，而是在父母軟硬兼施的情況下學習的，這種情況何等可悲，不但無法顯示學習成效，更會戕害幼童的心靈。因此，在學習美語之前，應先啓發學習動機，引起學習興趣，如此才可達事半功倍之效。

2. 在遊戲中學習：常常看到一些父母逼孩子唸美語、背單字、抄寫A、B、C，弄得孩子痛苦不堪，父母親頭大，事實上只要用對方法，孩子學習美語的興趣應該是可以培養的，而教幼兒美語最好的方法就是在遊戲中學習，這是每一位老師都應注意到的，亦即將學習材料以活潑、趣味的方式，融入遊戲中。

3.學習環境：許多幼兒學習美語的場所僅限於教室，只要一離開教室，又是另外一個環境，這樣當然沒辦法學好美語，因此，在幼兒回家之後，母親可以幫幼兒買一些美語錄音帶、錄影帶，可以是音樂（歌唱）的，可以是故事的；此外，父母也可以和孩子說說美語，如果美語不靈光時，也可以用問的方式「考考」小孩，例如指著「蘋果」、「電視」問小孩，美語怎麼說。

4.周詳計畫：目前台灣幼兒學習美語常常遇到「中斷」的現象，亦即在幼兒期學了美語以後，到了小學或國中常常因為課業壓力過大而中斷，誠屬可惜。因此，父母讓幼兒學習美語應有周詳、完整的計畫，才不會造成中斷的現象，而且如何學——包括材料或環境，最好有專業人員諮詢，如此幼兒的語言天分才能作最大的發揮。

NOTE

NOTE

嬰幼兒的教育　　　　　　　　　　　　　幼教叢書 16

著　　　者☞ 黃志成、林貞谷、張培英

出 版 者☞ 揚智文化事業股份有限公司

發 行 人☞ 葉忠賢

總 編 輯☞ 林新倫

登 記 證☞ 局版北市業字第 1117 號

地　　　址☞ 台北市新生南路三段 88 號 5 樓之 6

電　　　話☞（02）23660309

傳　　　真☞（02）23660310

郵政劃撥☞ 19735365　　戶名：葉忠賢

法律顧問☞ 北辰著作權事務所　蕭雄淋律師

印　　　刷☞ 鼎易印刷事業股份有限公司

初版一刷☞ 2004 年 6 月

Ｉ Ｓ Ｂ Ｎ☞957-818-632-0

定　　　價☞ 新台幣 350 元

網　　　址☞ http://www.ycrc.com.tw

Ｅ - ｍ ａ ｉ ｌ☞ service @ycrc.com.tw

國家圖書館出版品預行編目資料

嬰幼兒的教育 ＝Early Childhood Education/
黃志成、林貞谷、張培英著. --初版.
--臺北市：揚智文化, 2004[民 93]
　　面； 公分. --（幼教叢書；16）

　　ISBN 957-818-632-0 (平裝)

　　1.學前教育

523.2　　　　　　　　　　　93008479